Jacob Johanssen
Zwischen Eskalation und Selbstkontrolle

Die Buchreihe »**Gegenwartsfragen**« schärft zeitdiagnostisch den Blick für das Hier und Jetzt. Sie hinterfragt den Status quo und erweitert gesellschaftspolitische Debatten um wichtige psychosoziale Dimensionen. Die kurzen, eingängigen und gut lesbaren Diskussionsbeiträge beziehen kritisch Position, treiben die Auseinandersetzung mit den gegenwärtig wesentlichen Fragen kontinuierlich voran und sind damit in produktiver Weise irritierend.

GEGENWARTSFRAGEN

Jacob Johanssen

Zwischen Eskalation und Selbstkontrolle

Zur Ent/Hemmung im Digitalen

GEGENWARTSFRAGEN

Psychosozial-Verlag

Bibliografische Information der Deutschen Nationalbibliothek
Die Deutsche Nationalbibliothek verzeichnet diese Publikation in der Deutschen Nationalbibliografie; detaillierte bibliografische Daten sind im Internet über http://dnb.d-nb.de abrufbar.

Originalausgabe

E-Mail: info@psychosozial-verlag.de
www.psychosozial-verlag.de

ISBN 978-3-8379-3280-5 (Print)
ISBN 978-3-8379-6191-1 (E-Book-PDF)

Inhalt

»Only the inhibited are spontaneous.«

[»Nur die Gehemmten sind spontan.«]

Adam Phillips (2019, S. 25)

»Im Zweifel für den Zweifel
Das Zaudern und den Zorn
Im Zweifel fürs Zerreißen
Der eigenen Uniform
Im Zweifel für Verzärtelung
Und für meinen Knacks
Für die äußerste Zerbrechlichkeit
Für einen Willen wie aus Wachs
Im Zweifel für die Zwitterwesen
Aus weit entfernten Sphären
Im Zweifel fürs Erzittern
Beim Anblick der Chimären«

Tocotronic – Im Zweifel für den Zweifel *(2010)*

1 Einleitung: Enthemmung, Soziale Medien und Psychoanalyse

Ein bekanntes Video aus dem Jahr 2005 zeigt einen Jugendlichen, der ein Computerspiel installiert und spielen will. Der Junge ist dicklich und Brillenträger; im dreckigen T-Shirt entspricht er dem Klischee des Nerds, des gehemmten und scheuen Teenagers, der in virtuellen Welten zu Hause ist. »Ich will spieleeeeeen!«, ruft er aufgekratzt. Er schreit, seine Stimme überschlägt sich, er ist aufgedreht, er beginnt auf die Tastatur einzuschlagen, da die Installation nicht schnell genug zu gehen scheint. Immer wieder schlägt er mit der Tastatur auf den Schreibtisch und schreit dabei. Das Video erweckt den Anschein völliger Rage und Hemmungslosigkeit. Das »Angry German Kid«, wie das Video bald im Internet heißen wird, scheint vor Wut zu explodieren – warum genau, bleibt unklar. Der Clip geht im Netz *viral* – zu einer Zeit, in der die Plattformen YouTube, Facebook oder Twitter (kürzlich in »X« umbenannt[1]) noch nicht existieren bzw. von wenigen genutzt werden und es Viralität in diesem Sinne eigentlich noch nicht gibt. Norman Kochanowski – so der Name des Ausrastenden – wird zu einer Art Internetphänomen und zum Meme, bevor es Memes gibt: Sein Video wird weiter ver-

1 Im Folgenden ist immer auch »X« gemeint, wenn von »Twitter« die Rede ist.

breitet und hundertfach verändert, mit anderen Geräuschen unterlegt, mit anderen Videos vermischt und so weiter. Noch heute ist das »Angry German Kid« eines der bekanntesten Internetvideos aus den frühen 2000ern. Norman selbst hat zu der Zeit regelmäßig Videos im Netz verbreitet, die Parodien darstellen oder lustig sein sollen. So macht er sich etwa über Gangsta-Rap lustig. Seine Videos werden hunderttausende Male angeschaut. Er ist eine Internetpersönlichkeit jenseits gegenwärtiger Internetstars oder Influencer[2].

Was die meisten nicht wissen, ist, dass der explosionsartige Wutausbruch nur gespielt war. Der damals 14-jährige Norman wurde gebeten, dass »er mal richtig ausrasten und etwas kaputt machen« (Lüders, 2023) solle. Dafür erhält er von einem Unbekannten 300 Euro. Doch die Geschichte endet hier nicht. In einem Beitrag über den Amoklauf von Emsdetten wird das Video 2006 von Focus TV benutzt und Norman wird zu »Leopold«, einem angeblich »Killerspiel«-Süchtigen, der aus einer Klinik ausgebrochen ist. Alles ist erfunden. Urheber- oder Persönlichkeitsrechte sind auf YouTube zu dem Zeitpunkt quasi nicht existent bzw. werden von Focus TV ignoriert. Nach dem Beitrag bricht eine Empörungs- und Hasswelle über Norman herein. Er wird in der Schule gemobbt und erhält Todesdrohungen im Internet. Diese Zeit ist für ihn – wie er später in einem Interview mit dem Medienmagazin »Zapp« sagt – traumatisch. Schließlich droht er, an seiner Schule einen Amoklauf zu verüben, damit

2 Aus Gründen der Lesbarkeit wird mit Blick auf Bezeichnungen dieser Art nachfolgend das generische Maskulinum verwendet – es sind aber stets alle Geschlechter mitgemeint.

ihn die anderen endlich in Ruhe lassen. Daraufhin fliegt er von der Schule. »Ich war total aufgelöst, am Weinen. Ich wollte doch niemandem was tun.« In den folgenden Jahren holt ihn seine Vergangenheit immer wieder ein; so wird ihm etwa bei einem Vorstellungsgespräch gesagt: »Unsere Mitarbeiter haben Angst vor Ihnen. Sie werden hier in der Region keine Ausbildung finden.« Norman beginnt zu trainieren – Krafttraining im Fitnessstudio, um seinen Körper zu stählen.

> »Meistens ist es der Fall, dass ich Selbstzweifel habe und irgendwie nicht so gut von mir selbst denke. Dann guck ich mich im Spiegel an, fühl mich schmal, und dann gehe ich trainieren. Habe dann mal wieder bewiesen, wie stark ich bin.«

Norman beginnt 2012 erneut eine YouTube-Präsenz aufzubauen. Er lädt Trainings- und Gangsta-Rap-Videos von sich hoch. Vielleicht ist er zu denen geworden, über die er sich früher lustig gemacht hat. Er scheint jedoch mit sich im Reinen. »Damit hätte ich nicht gerechnet. Auch heute weiß man nicht, was mit diesem Video passieren wird. Man weiß nicht, wer sich das anguckt, wie es verstanden wird. Wie das Video vielleicht auch weiterverwendet wird oder missbraucht wird« (ebd.), sagt er rückblickend über sein vermeintliches Wut-Video.

Normans Geschichte ist prophetisch und steht exemplarisch für viele gegenwärtige Dynamiken, Gefahren und auch Potenziale des Internets und insbesondere der Plattformen und Sozialen Medien (Facebook, Twitter, YouTube, TikTok usw.). Sie verweist auf Themen, die in diesem Buch analysiert und diskutiert werden. Sie berührt Aspekte von Fantasie und

Realität, vom Streben nach Aufmerksamkeit und Anerkennung, des Humors und der Viralität, des Hasses und von Aggressionswellen im Netz, von Selbst- und Fremdinszenierung, des Abhängigkeitsverhältnisses von Plattformen und Usern, des Körpergefühls und auch der Sexualität, sowie Aspekte der Fragilität und Omnipotenz. Vor allem aber geht es in der Geschichte von Norman Kochanowski um *Hemmung* und *Enthemmung*. Es geht darum, wie er sich und seine digitale Selbstrepräsentation auf unterschiedlichen Ebenen hemmt und auch gehemmt ist bzw. war, zwischen Hemmung und Enthemmung schwankt, sowie durch andere gehemmt oder enthemmt wurde. Der Fall offenbart ein komplexes Geflecht zwischen Subjekt und digitalen Plattformen, das heutzutage noch weiter an Komplexität gewonnen hat, da es eine starke Konzentration mächtiger Plattformen gibt, die von Millionen von Menschen weltweit genutzt werden. Ein Kommentar unter dem YouTube-Video von »Zapp« lautet:

> »Den Hype von damals kann man im Internet des Jahres 2023 nicht mehr so einfach auslösen. Auch weil es für viele mittlerweile ein Geschäftsmodell geworden ist, zu eskalieren und die Grenzen zu sprengen, wie es damals das Angry German Kid tat.«

Eskalieren, Grenzen sprengen, Dämme einreißen, explodieren, provozieren, zerstören, Frust ablassen, Chaos anrichten, »trollen«, sich gehen lassen, die Beherrschung verlieren, losgelöst sein, unkontrolliert sein, aber auch sich frei fühlen, Befreiung, Ambivalenzen hinter sich lassen, Zweifel ausräumen, sich mitteilen, sich kreativ entfalten, sich lustvoll, orgiastisch, ekstatisch oder exzessiv fühlen und einfach loslassen. All diese Begriffe stehen symptomatisch für Verhaltensweisen, Fantasien und Psychodynamiken, die wir tagtäglich in den Sozialen Medien erleben können. Sie werden oftmals durch die Technologien der Plattformen begünstigt oder priorisiert, da diese ein symbiotisches Verhältnis zu ihren Nutzern geschaffen haben. Kurz gesagt, scheint das gegenwärtige Internet *enthemmt*. Grenzen scheinen zu verschwinden und jeder kann alles zu jeder Zeit sagen und sich als Person inszenieren, ganz egal, was andere davon halten. Emotionen und Affekte, vor allem Hass aber auch Spaß, Genuss, Ironie, Humor, entladen sich geballt in den Timelines, Kommentarspalten, Bildern oder Videos und prallen auf Nutzer, werden geteilt, geliked und kommentiert. Das Internet scheint zu einer *Enthemmungsmaschine* geworden zu sein, die jegliche Regeln, Anstand oder Konventionen vermissen lässt. Menschen überziehen andere mit Shitstorms, stoßen Todesdrohungen aus, Männer verschicken ungefragt *dick pics*, Rassisten überschwemmen Plattformen mit ihrem Hass. Frustration und Aggression ergießen sich ungefiltert über andere User, die ihrerseits mit Destruktivität und polarisierender Leidenschaft antworten. Außerdem werden User permanent dazu aufgefordert, sich besonders enthemmt zu geben und möglichst viel über sich zu teilen und preiszugeben – als Belohnung wirken Aufmerksamkeit und Anerkennung: die perfekte Droge, durch Dosen von Likes, Kommentaren, Zahlen zu Reichweite und Followern von den Plattformen verabreicht. »Enthemmt euch!« – diese permanente Aufforderung zur Enthemmung gipfelt in Plattformen wie Instagram, TikTok oder OnlyFans, auf denen sich User oft freizügig und sexy darstellen. Viele verschicken privat Nacktbilder von sich und einige produzieren Amateurpornografie, die sie auf PornHub oder anderswo hochladen und die von Tausenden anonymen Menschen angeschaut wird. Für manche ist dies zu einer lukrativen Einnahmequelle geworden.

> »Der Drang, die Grenzen des alltäglichen Ichs zu überschreiten, scheint so alt wie die Menschheit zu sein, und er scheint auch in der technisierten und schnell getakteten Welt des 21. Jahrhunderts längst nicht abzuklingen, sondern eher noch stärker zu werden«,

heißt es in einem Artikel von *Deutschlandfunk Kultur* im Februar 2023. Man kann all diese technischen Entwicklungen als maßlos und gefährlich, oder auch als assoziativ-losgelöst und befreiend bezeichnen. Ich diskutiere sie in diesem Buch anhand verschiedener Beispiele kritisch. Vor allem aber bin ich der Ansicht, dass es eine komplette Enthemmung oder grenzenlose Unkontrollierbarkeit des Internets und von Individuen so nicht gibt. Wo Enthemmung ist, ist auch immer Hemmung. Dieses Argument erläutere ich mittels der Psychoanalyse. Ich zeige, wie bestimmten Phänomenen, z. B. Hass im Internet oder augenscheinlich enthemmter Sexualität, auch immer Hemmung innewohnt. Ich nenne diese Dynamiken »Ent/Hemmung«, um die Verwobenheit und Bedingtheit beider Pole zu verdeutlichen. So destruktiv und enthemmt Formen des Hasses wie Rassismus und Antisemitismus sind – sie weisen auch immer gewisse Formen der Hemmung und Affirmation auf.

Der Begriff der Hemmung ist vor allem von Freud und Lacan theoretisch entwickelt und als klinisches Phänomen analysiert worden. Ich beziehe mich in den folgenden Kapiteln auf ihre psychoanalytischen Ausführungen zu Hemmung und Enthemmung, teilweise expliziter und teilweise metaphorischer. Nach Freud und Lacan bedeutet »Hemmung« eine verminderte oder restriktive Ichfunktion des Subjekts, weil es bestimmte Situationen nicht erleben will, wie etwa der kleine Hans, Freuds Patient, der aus Angst vor Pferden das Haus nicht mehr verließ. Eine bestimmte Enthemmung steht immer in Verbindung mit dem Über-Ich, sowie Symptomen, Verdrängungsprozessen, dem Unbewussten und dem Begehren. »Hemmung« bedeutet hier somit ein (unbewusstes) Innehalten, Verdrängen, Ausweichen, Zensieren, Zweifeln, Festhalten, Sich-Weigern, Negieren, Verstopfen, Blockieren, Schämen, Beharren, Verschließen.

»Hemmung« steht auch oft in Verbindung mit »Scham«. Beschämende Erlebnisse oder die Angst vor der Scham (oder auch davor, als peinlich zu gelten), mögen oftmals für Hemmungen in Subjekten verantwortlich sein. Der Philosoph Robert Pfaller (2022) schreibt, dass wir in einer Zeit leben, in der Scham allgegenwärtig ist und sich auf bestimmte Weise artikuliert. Er ist davon überzeugt, dass es »Konsumscham« und »Verbrauchsscham« angesichts des Klimawandels und eines größeren Bewusstseins von ethischem Konsum, »Körperscham« angesichts des Abweichens von Schönheitsidealen, »Exponiertheitsscham« etwa durch Shitstorms in den Sozialen Medien gäbe. Ich denke nicht, dass es sinnvoll ist, all diese Beispiele unter dem Schambegriff zu diskutieren. So mag es durchaus ein hohes Maß an Körperscham geben – ich komme auf diesen Punkt im dritten Kapitel zurück –, jedoch kann man wohl kaum von »Verbrauchsscham«, »Konsumscham«

oder »Flugscham« sprechen, wie Pfaller es tut. Bei Letzteren geht es nicht um wirkliche Scham, vielmehr geht es eher um ein schlechtes Gewissen oder die performative Zurschaustellung einer falschen Scham – und am Ende steigt man doch in den Flieger. Scham impliziert momentane Lähmung, Erstarrung, totale Hemmung, jedoch geht es auch bei Fragen der Exponiertheit durch Shitstorms oder bei Aspekten des Selbstbewusstseins und eigenen Körpergefühls auch immer um Enthemmung, Macht und die Fähigkeit zu gestalten. Insofern leben wir keineswegs in einer pathologischen Schamkultur, wie Pfaller behauptet, sondern in einer Ent/Hemmungskultur, die mitunter pathologische Züge aufweist.

Die Ent/Hemmungsdynamiken, die in diesem Buch analysiert werden, mögen individuell und subjektiv ausgeprägt sein, sie sind auch immer von gegenwärtigen gesellschaftlichen Entwicklungen, Krisen und Normen beeinflusst. Daher betrachte ich sie als psychosoziale Prozesse und sehe sie als durch diese geformt an. Wir leben im sogenannten »Plattformkapitalismus« (Srnicek, 2017) der darauf hinweist, dass sich die Wirtschaft im globalen Norden und auch vielen anderen Teilen der Welt seit etwa den 1970er Jahren von einer Industrieökonomie sukzessive zu einer Informations- und Serviceökonomie gewandelt hat: Informations- und Kommunikationstechnologien haben enorm an Wichtigkeit gewonnen, sowohl als Wirtschaftsfaktoren als auch als Phänomene, die Kulturen und Subjekte prägen. Kreative Bereiche, wie Webdesign, App- und Softwareentwicklung, Medienberufe usw., haben stark zugenommen. Seit Mitte der 2000er gewinnt die Plattform als ökonomisches Modell stark an Zuwachs; Firmen wie Amazon, Uber, Facebook, Alphabet, Tencent oder Airbnb fungieren als Plattformen, die bestimmte Dienste für User anbieten oder auch Arbeitgeber und Arbeitnehmer zusammenbringen. Mit diesen gehen bestimmte Geschäftsmodelle einher, die etwa auf der Auswertung von Userdaten für Werbezwecke basieren. So sind Plattformen wie Facebook, YouTube oder Twitter zwar kostenlos, finanzieren sich aber durch den Weiterverkauf von Userdaten an Werbekunden, die auf diesen basierte Werbung schalten. Dieser Markt ist in hohem Grad konzentriert und weitgehend unter den großen fünf *big tech*-Unternehmen aufgeteilt: Alphabet, Amazon, Apple, Meta und Microsoft. Wir befinden uns somit in einem bestimmten Zeitalter, welches oftmals als zügellos, enthemmt und dereguliert beschrieben wird. Digitale Unternehmen erwirtschaften horrende Gewinne, zahlen kaum Steuern und haben eine Macht über Politik und Kultur in vielen Ländern erreicht, die kaum zu kontrollieren scheint. Dieses Buch diskutiert die genannten Phänomene auch vor diesem Hintergrund gravierenden sozialen Wandels.

Ent/Hemmung kann als allgemeines psychosoziales Symptom der Gegenwart gesehen werden, das sich vor allem auf drei Arten in Bezug auf Digitalisierung und virtuelle Plattformen äußert: Körpererleben und Identität, Gewalt und Hass sowie Sexualität. Diese Arten werden in den drei Hauptkapiteln des Buches (Kapitel 3, 4 und 5) diskutiert. Zunächst führt *Kapitel 2* in das Freud'sche und Lacan'sche Hemmungskonzept ein, welches ich um Dimensionen der Enthemmung erweitere. Außerdem diskutiere ich Hemmung als psychosozialen Prozess und inwieweit, ausgehend von Freud und anderen Denkern, Kultur und gesellschaftliche Normen und Werte erst durch strukturelle und kollektive Hemmungspraktiken und -dynamiken entstehen können. Diese sind dynamisch, in Bewegung, ungleich verteilt oder werden auch aktiv unterlaufen oder zu verändern versucht. So können wir die gegenwärtigen rechtspopulistischen Bewegungen in Europa und anderswo auch als Kräfte ansehen, die aktiv versuchen, Diskurse und Praktiken zu enthemmen, um soziokulturellen Wandel zu erreichen, und in diesem Zuge bestimmte Themen salonfähig zu machen. Außerdem gibt es in Gesellschaften stets eine Art Kampf zwischen Hemmungs- und Enthemmungsdynamiken, die bestimmte Gruppen strukturell fördern und andere ausbremsen. Dies äußert sich anhand von Kategorien wie der Herkunft, der sexuellen Orientierung, des ethnischen Hintergrunds, der körperlichen Fähigkeit oder der Klasse einer Person. Das Kapitel endet mit Überlegungen zu gegenwärtigen Enthemmungskulturen und zum Genuss.

Kapitel 3 nähert sich der scheinbaren Enthemmungskultur im Internet mittels des Reality-TV, das als Vorläufer einer Feier des Individuums in den Sozialen Medien angesehen werden kann. Reality-TV und Soziale Medien weisen bestimmte Schnittmengen auf – Exhibitionismus, Entblößung, Emotionen, Affekte und eine absolute Zentriertheit auf das Individuum und was dieses zu sagen hat –, die ich vor allem unter Berücksichtigung der Idee des Teilens diskutiere. So wird sichtbar, dass Reality-TV und Soziale Medien bestimmte Formen der Enthemmung darstellen und hervorbringen wollen, diese aber auch von Hemmung, Zweifeln oder Zögern begleitet sind. All dies wird mit Blick auf die Rezeption der Reality-Serie *Embarrassing Bodies* und deren Verhandlung von Körperlichkeit und Identität deutlich.

Kapitel 4 widmet sich bestimmten Formen des Hasses

im Netz: dem ungefragten Verschicken von Penisbildern an Frauen, Beschämungsdynamiken und Shitstorms in Sozialen Medien, dem Trolling als bewusstem Provozieren und Reizen anderer, den Thesen Thilo Sarrazins zum angeblichen »Tugendterror« sowie den Themen Rassismus und Antisemitismus. Hass und Gewalt brechen sich im Internet und außerhalb des Internets Bahn und stellen sicherlich die gefährlichste Stufe von Enthemmung dar, haben immer aber auch mit Dimensionen der Hemmung und sogar Affirmation des »Anderen« zu tun.

Kapitel 5 fragt nach digitaler Sexualität im Zeitalter des Selfies und zeigt, wie Ent/Hemmung im nicht-pathologischem Sinne sichtbar werden kann. Beim Selfie geht es gerade nicht um egoistischen Narzissmus – wie so oft behauptet –, sondern um eine nackte Darstellung von gehemmter Verletzlichkeit und einer enthemmten Darstellung von Selbstbewusstsein. Dem Selfie sind somit immer Zweifel immanent – und diese Zweifel, ob das Individuum schön oder gut genug aussieht, sollen mittels Kommentaren und Likes getilgt werden. Es geht somit auch um Aufmerksamkeit und Anerkennung, die sowohl vom »großen Anderen« im Lacan'schen Sinne und von anderen Subjekten dem Subjekt entgegengebracht werden sollen. Auch Sexualität zielt immer auf Fragen der Aufmerksamkeit, Anerkennung und wie sexuelle Praktiken durch bestimmte Kontexte und Normen geformt sind. Man könnte digitale Formen der Amateurpornografie, bei der »normale« Menschen sich beim Sex filmen, um damit Geld zu verdienen oder weil sie es besonders erregend finden, von anderen im Netz gesehen zu werden, als den Gipfel der Enthemmung sehen, jedoch gibt es auch hier dezidierte Elemente der Hemmung, wie ich im Kapitel zeige. Außerdem diskutiere ich Pornografie aus psychoanalytischer Perspektive und wie sich Pornokonsum auf die Psychosexualität und Psyche von jungen und adoleszenten Menschen auswirken kann.

Im *Schlusskapitel* dieses Buches bringe ich übergreifende Punkte zusammen und denke darüber nach, inwieweit sich digitale Plattformen ändern müssen, um gesündere Formen der Ent/Hemmung zu ermöglichen. Außerdem zeige ich, wo es bereits solche anderen Ent/Hemmungsformen im Internet gibt und wie diese mit Aspekten der Kreativität, freien Assoziation, Ambivalenz, Entschleunigung und Unsicherheit zusammenhängen. Ich schließe mit weiteren Überlegungen zur Symptomatik pathologischer Hemmungs- und Enthemmungsprozesse in der (digitalen) Gegenwart und was hinter diesen Prozessen steckt.

2 Ent/Hemmung: Klinische und kulturelle Aspekte

Die Restriktion des Ichs: Hemmung bei Freud

Da Freud der Idee der Verdrängung eine zentrale Rolle zuweist, wird diese auch oft mittels der Hemmung erklärt. So schreiben Freud und Breuer z.B. im Jahr 1893, etwas sei absichtlich aus dem bewussten Denken verdrängt, gehemmt und unterdrückt (Breuer & Freud, 1916, S. 7). In seinen frühen Schriften zur Verdrängung definiert Freud Verdrängungsprozesse auch immer als Prozesse, die dazu dienen, Unlust zu minimieren oder zu hemmen. Allgemein sind Patienten in der Therapie immer von einer Hemmungserfahrung geprägt: Sie fühlen sich im Leben und auf seelischer Ebene in einer bestimmten Weise gehemmt, blockiert oder auch leidensvoll enthemmt. Freud diskutiert Hemmung vor allem in Bezug auf Verdrängung, Symptome und die generelle Restriktion der Ichfunktion.

In *Hemmung, Symptom und Angst* (1926) ist Freud gleich von Beginn an bemüht, eine Unterscheidung zwischen dem Symptom- und dem Enthemmungsbegriff vorzunehmen. Anders als ein Symptom muss eine Hemmung nicht zwangsläufig pathologisch sein, sondern bezeichnet erst einmal eine verminderte oder reduzierte Funktion. Allgemein definiert er »Hemmung« als die »Äußerung von einer Restriktion der

Ichfunktion« (ebd., S. 5f.). Dies geschieht oftmals, um Verdrängung zu umgehen und somit auch einem Konflikt mit dem Es aus dem Weg zu gehen.

Eine Hemmungsfunktion kann auch durch das Über-Ich ausgelöst werden, etwa wenn schambehaftete oder auch besonders lustvolle und erfolgversprechende Aktivitäten von diesem unterbunden und verboten werden. Somit entgeht das Ich einem Konflikt mit dem Über-Ich. Diese Prozesse – hier ist Freud ganz der Neurologe – sind auch immer unter dem Gesichtspunkt des Energiehaushaltes des Körpers bzw. der Psyche zu sehen. Hemmungen dienen oftmals dazu, Energie zu sparen. Wenn das Subjekt mit einer bestimmten Aufgabe konfrontiert ist, die überwältigend scheint, so hemmt es die Fokussierung auf andere Aufgaben, um sich dieser zu widmen.

All diese Prozesse stehen in Verbindung mit der Ichfunktion und unterscheiden sich so vom Symptom bzw. von komplett unbewussten Dynamiken. Hemmung dient oftmals der Vermeidung von Gefahr und Unlust oder der Aufrechterhaltung des Lustprinzips, so Freud. Nach Adam Phillips ist Hemmung auch immer ein Mechanismus, der das Unbewusste an sich und dessen Unberechenbarkeit negiert (Phillips, 2013, S. 202).

Hemmung an sich kann nicht nur bewusst sein, um bestimmte Prozesse, Fantasien, Erfahrungen abzuwehren oder zu minimieren, sondern auch unbewusst. Die Ursachen und Motive, die zu Hemmung führen, können unbewusst bleiben. Somit kann die Hemmung auch als eine Art Symptom angesehen werden, das eine unterliegende Problematik oder Symptomatik verdeckt. Die klinische Frage lautet somit, was genau unterdrückt, gehemmt, ausgewichen oder minimiert werden soll und warum. Somit ist Hemmung immer auch eine Barriere zwischen dem Subjekt und einem bestimmten Zustand oder einer Handlung, die nicht realisiert wird.

Freud behandelt ausführlich die Rolle des Symptoms und wie sich dieses zur Verdrängung und Angst verhält – ich gehe nur kurz auf das Verhältnis zwischen Hemmung und Verdrängung ein. Nach ihm sprechen wir von »Verdrängung«, wenn eine Idee (z. B. Erfahrung, Erinnerung) in das Unbewusste gelangt, jedoch dynamisch in Richtung Bewusstsein drängt. Verdrängung tritt als Antwort auf einen inneren oder äußeren Impuls ein, der als unangenehm wahrgenommen wird. »Durch die Verdrängung wird die Entladung einer Erregung, die Unbehagen hervorruft, gehemmt«, so Stijn Vanheule (2001, S. 111)[1] in Bezug auf Freuds frühes neurologisches Modell, das auf die energetische Begrenzung innerer und äußerer Reize abzielt. Für Vanheule (ebd.) ist offenkundig, dass es Freud bei Verdrängung auch immer um Hemmung geht. Verdrängung diene dazu, einen instinktiven Impuls zu hemmen, zu einem Affekt zu werden, oder um Prozesse im Es zu hemmen. Obgleich Verdrängung einen kraftvollen, defensiven psychischen Prozess darstellt, so zeugt sie jedoch auch von der Machtlosigkeit des Ichs. Verdrängung kann nie ganz gelingen.

Hemmungsgrade bei Lacan: Hemmung, Hinderung, Peinlichkeit

Vanheule zufolge (ebd., S. 110) kann Hemmung bei Freud und Lacan in drei Bereiche unterteilt werden:

1 In diesem Buch sind alle Zitate – soweit nicht anders angegeben – von mir aus dem Englischen übersetzt.

> »1. Hemmung als ökonomischer Prozess: wobei bestimmte Reize gehemmt bzw. unterdrückt werden.
> 2. Hemmung als Stagnation in der ontogenetischen Entwicklung: hierbei ist das Subjekt entwicklungspsychologisch gehemmt und hat etwa infantile Erfahrungen oder Fantasien verdrängt. Es ist auf eine bestimmte Art des Lustgewinns fixiert.
> 3. Hemmung als Ergebnis eines dynamischen Abwehrprozesses [...].«

Vanheule räumt dem dritten Bereich besondere Wichtigkeit ein. Nach ihm stehen Hemmungen immer in Verbindung mit Trieb und Begehren.[2] Dementsprechend stellt die Hemmung für Lacan ein fundamentales Merkmal der Subjektivität des Neurotikers dar. Das neurotisch gehemmte Subjekt blockiert den Trieb bzw. ein bestimmtes Ziel. Lacan zufolge »ist eine Hemmung die Folge der Einführung von Begehren, welches sich vom ursprünglichen Begehren unterscheidet, in eine Funktion, die dieses normalerweise befriedigt. Die Hemmung resultiert aus einem Abwehrmechanismus gegen dieses sekundär eingeführte Begehren« (ebd., S. 119). Dies bedeutet, dass Hemmung zwanghafte Züge aufweisen kann, wodurch das Begehren zu einem analen Begehren wird. Es unterscheidet sich daher vom ursprünglichen Begehren, welches sich endlos wiederholt und im Grunde kein Ende und kein Objekt kennt, inso-

2 Nach Lacan ist der Trieb eine endlos zirkulierende Bewegung, die ständig um ihr (Teil)-Objekt zirkuliert, ohne dieses jemals zu erreichen. Das Subjekt ist sich dessen eher bewusst, als über das eigene Begehren im Klaren zu sein. Das Begehren ist hingegen eine nie endende Bewegung oder ein Streben nach etwas, was nie erreicht oder völlig befriedigt werden kann.

fern als das etwas um jeden Preis beibehalten werden muss. Das Objekt, dass beibehalten wird, ist hierbei nicht das finale Ziel des Begehrens, sondern sein Beginn: *the object cause of desire*. Wir können dies mittels Lacans *objet petit a* weiterdenken. Dieses *Objekt klein a* fungiert als ein Platz oder eine Leerstelle, die das Subjekt ein Leben lang zu füllen versucht, bzw. versucht es das verlorene *Objekt klein a* wiederzuerlangen. Dabei hat es in diesem Sinne nie existiert, sondern besteht lediglich als Lücke oder Öffnung, in die das zu begehrende Objekt gelegt wird – bis zur Ersetzung durch ein anderes. Ein anales Begehren versucht das ursprüngliche *Objekt a* illusorisch beizubehalten, welches der Andere offenbar haben möchte. Dieser Mangel im Anderen macht die (wenngleich illusorische) Hemmung und Speicherung des *objet a* möglich. »Das Phantasma des Verlorenen prägt die Art und Weise, wie gehemmt ein Subjekt sich an den Anderen – ein inneres Erwartungsschema – wendet« (Spohn, 2019, S. 106). Wenn der Andere jedoch dem Subjekt das *objet a* entreißen bzw. es erlangen könnte, wäre dies in hohem Maße gefährlich. Das neurotische Subjekt versucht diese Angst vor dem verlorengegangenen *Objekt a* zu vermeiden und zu hemmen. Damit wird der Mangel im Anderen aufrechterhalten. Wäre der Mangel verschwunden oder irgendwie »gefüllt«, würde dies das Subjekt existenziell bedrohen (Lacan, 1966, 2010). Für den Neurotiker wäre es katastrophal, wenn das Begehren in Erfüllung ginge, stattdessen bildet es einen geheimen Kern, den es zu bewahren gilt. Auf der Ebene des Unbewussten soll das Begehren nicht in Erfüllung gehen, der Mangel bestehen bleiben, und somit eine Differenz zwischen Selbst und Anderem. Für das zwanghafte Subjekt hingegen bleibt das Begehren etwas Verbotenes, es darf nicht bestehen bzw. sich verwirklichen und artikulieren und muss daher gehemmt werden. Kommt es dennoch zu Situationen, in denen sich das Begehren äußert oder ein Objekt findet, zieht sich das Subjekt unwillkürlich zurück (Vanheule, 2001).

Lacan nimmt weiterhin eine Unterscheidung zwischen »Hemmung«, »Hinderung« und »Peinlichkeit« vor und erschafft das folgende Schema[3] (Lacan, 2010, S. 102).

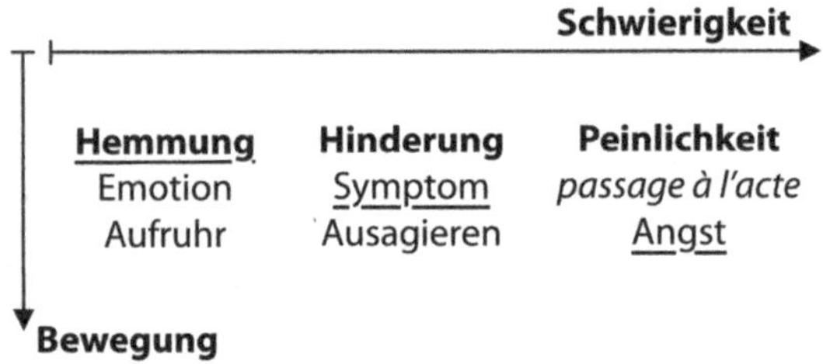

Die Begriffe »Schwierigkeitsgrad« und »Bewegung« dienen hier dazu, eine Matrix zu schaffen, anhand derer die Hemmungsgrade des Subjekts von relativ leichter »Hemmung« (links oben) zur schwerwiegenden »Peinlichkeit« und »Angst« (rechts oben und unten, jeweils unterstrichen) reichen. Lacan beschreibt die Hemmung auch mit dem Satz, »Begehren nicht zu sehen« (ebd., S. 332) bzw. nicht zu wollen. Hier steht das individuelle Begehren in Konflikt

3 Da ich das Schema (bzw. die Tabelle) aus der englischen Ausgabe von *Seminar X* übersetzt habe, unterscheiden sich einige Begriffe verglichen mit der deutschen Übersetzung (2010). So habe ich das französische *embarras* (*embarrassment* in der englischen Ausgabe) nicht mit »Bedrängnis« sondern mit »Peinlichkeit« übersetzt, was mir stimmiger erscheint. Mit dem Begriff »Emotion« ist eine Art der Emotionalität gemeint, die man alternativ auch mit »Aufregung« oder »Erregung« übersetzen könnte.

mit dem sozialen Erwünschten bzw. Erlaubten. »So kann die Hemmung durch ihre radikale Triebunterdrückung gestörter anmuten als das Symptom, das immerhin den Impuls noch anerkennt, um sich erst dann ins Metaphorisieren zu flüchten. Andererseits rafft sie sich oft noch auf zum Aufsetzen einer triebbereinigten Alltagsmaske« (Spohn, 2019, S. 108). Lacan nimmt auch eine Unterscheidung vor zwischen Freuds motorischer Hemmung und dem, was er die schwerwiegende »Hinderung« nennt. Das gehinderte Subjekt begehrt gerade das, was es nicht darf bzw. begehrt, es »nicht zu können« (ebd., S. 107). »Gehindert zu sein ist ein Symptom. Gehemmt zu sein ist ein Symptom, das in einem Museum versteckt ist« (Lacan, 2010, S. 20), so Lacan in gewissem Unterschied zu Freud. In der letzten Spalte der »Peinlichkeit« ist das Subjekt zwar dazu imstande, einer angstbehafteten Situation zu begegnen, zieht sich aber im letzten Moment zurück.[4]

In *Seminar XXII* kehrt Lacan zu Fragen der Hemmung zurück und setzt sie mit dem Realen, Symbolischen und Imaginären in Verbindung. Nach ihm spielt sich Hemmung vor allem auf der Ebene des Imaginären ab und entzieht sich der symbolischen Ordnung. »Die Hemmung ist dabei das Zeichen eines Ungleichgewichts im Zusammenspiel des Benennens und des Bebilderns« (Spohn, 2019, S. 112). Hemmung hemmt die Entstehung von Symptomen, die sich mittels des Symbolischen äußern würden. Dadurch wird gleich doppelt etwas vermieden:

4 Der Begriff *passage à l'acte* ist für das vorliegende Buch weniger von Bedeutung. Im Rahmen der Behandlung bezeichnet er nach Lacan den Übergang des Patienten von der Position des Analysanden zu der des Analytikers. Der Patient verlässt den exklusiven Bezug zum Symptom und gelangt zu einem anderen Verständnis von sich.

> »In der Tat impliziert die Hemmung eine doppelte Vermeidung. Einerseits ist sie eine Strategie zur Vermeidung von Verdrängung, aber andererseits ist die vermiedene Verdrängung bereits selbst eine Vermeidung. Schließlich ist die Verdrängung eine Strategie, um den angstauslösenden Trieb zu vermeiden, indem sie ihn an einen Signifikanten bindet. Das Symptom ist eine bezeichnende *[signifying]* Antwort auf das angstauslösende Rätsel, das der Trieb für das Subjekt bedeutet. Diese bezeichnende Antwort ist zum Scheitern verurteilt, da der verdrängte Impuls ständig wiederkehrt. Mit dem Symptom gewinnt der Impuls zudem ein gewisses Maß an Befriedigung« (Vanheule, 2001, S. 123).

Der Trieb an sich und seine Energie sollen somit ausgeschaltet oder geblockt werden.

Klinisch betrachtet, können solche Dynamiken nicht als erstrebenswert angesehen werden, da sie das Begehren und den Trieb betäuben. Dabei geht es bei Lacan gerade darum, dass sich das Subjekt der Unmöglichkeit des Begehrens und damit auch immer des Begehrens selber bewusst wird. Hemmungen, vor allem wenn sie mit Angst verbunden sind, müssen immer gelockert und enthemmt werden, etwa mithilfe des Psychoanalytikers.

Hemmung als psychosozialer Prozess in der Kultur

Im *Unbehagen in der Kultur* (1930) geht Freud näher auf die sozialen und strukturellen Aspekte der Hemmung ein und diskutiert vor allem Eros und Todestrieb. Das Hauptthema des Buches – der Konflikt zwischen individuellen Trieben und Begehren und den Restriktionen der Gesellschaft bzw.

bestimmter Kulturen – findet sich auch in früheren Schriften Freuds, wird jedoch erst im *Unbehagen* in größerer Detailliertheit diskutiert und auch auf menschliche Schuldgefühle und die Rolle des Über-Ichs bezogen. Im dritten Kapitel diskutiert Freud implizit die Hemmung der Individuen gegenüber allem »womit wir uns gegen die Bedrohung aus den Quellen des Leidens zu schützen versuchen« (ebd., S. 41), wobei all dieses gerade zur Kultur dazu gehöre. Das Individuum muss somit Opfer bringen und Verzicht üben, um kollektive Strukturen, Gesetze, Normen usw. aufrechtzuerhalten bzw. zu ermöglichen. Nach Freud sind Triebverzicht und Sublimierung Vorbedingungen für kulturelle Leistungen. Sublimierung im Besonderen muss dabei den Verlust, der mit dem Triebverzicht einhergeht, kompensieren. Nach Freud sind die zwei fundamentalen Triebe die von Thanatos und Eros. Gerade die Unterdrückung des Todestriebs sowie dessen Fokussierung auf eine rivalisierende oder »feindliche« Gruppe, stellen ein wichtiges Merkmal von Kulturen dar. Der Todestrieb wird nicht nur in diesem Sinne gehemmt, sondern er wird auch nach Innen gelenkt und bildet somit eine der Grundlagen des Über-Ichs. Jedoch wird auch die Liebe als kollektive Leistung entsexualisiert und somit der sexuelle Trieb »in eine *zielgehemmte* Regung« (ebd., S. 66; Kursivierung im Original gesperrt) verwandelt. Es ist gerade der endlose Konflikt zwischen Eros und Thanatos, der die moderne Zivilisation erst ermöglicht.

Schuldgefühle entstehen als Angstreaktion auf das Über-Ich, welches äußerst streng und oft sadistisch gegenüber dem Ich agiert. Dies geschieht eben gerade dann, wenn bestimmte Begehren oder Triebe nicht vollständig gehemmt worden sind, da der Wunsch weiterhin bestehen bleibt. Somit wären wir zum Anfang des Kapitels zurückgekehrt und zu Freuds individualpsychologischer Hypothese der Hemmung als Unterdrückung von Angst: »Das Gewissen ist die Folge des Triebverzichts; oder: Der (uns von außen auferlegte) Triebverzicht schafft das Gewissen, das dann weiteren Triebverzicht fordert« (ebd., S. 108). Wenn nun »eine Triebstrebung der Verdrängung unterliegt, so werden ihre libidinösen Anteile in Symptome, ihre aggressiven Komponenten in Schuldgefühl umgesetzt« (ebd., S. 125). Hierbei spielt natürlich das Unbewusste eine wichtige Rolle, und das Unbehagen bleibt eben immer auch als diffuses, unbewusstes Fragment im Menschen zurück.

Dynamiken der Hemmung finden sich heute auch auf struktureller Ebene, etwa wenn in westlichen Gesellschaften nachweislich Menschen mit Migrationserfahrung, Menschen mit Behinderung oder auch queere Menschen strukturell ausgebremst, eingeschränkt, gehindert und gehemmt werden, ein gutes Leben zu führen, weil diese Hemmung strukturell und biopolitisch angelegt ist. Überall auf der Welt sind Körper gewalttätigen biopolitischen Kräften ausgesetzt und entlang ethnischer, sexueller, religiöser und physisch-psychologischer Fähigkeiten gekennzeichnet. Biopolitik bezeichnet für die Philosophin Jasbir K. Puar eine »Ermächtigungsmaschine« (2017, S. xviii), die sich auf Prozesse der Verortung von Körpern in einem Zustand zwischen Sein und Werden – wir könnten auch sagen: zwischen »Hemmung« und »Enthemmung« – bezieht. Gewaltmechanismen wie Ungleichheit, Diskriminierung, Überwachung und Unterdrückung sind demnach speziell darauf ausgelegt, bestimmte Personen zu schwächen und zu hemmen. Solche Körper sind alle – vielleicht in unterschiedlichem Maße – »in einem fortwährenden Zustand der Entkräftung« (ebd., S. xiv) gehalten.

Strukturelle Hemmungen reproduzieren sich nicht nur durch den ethnischen, materiellen oder sexuellen Hintergrund eines Subjekts und seinem Verhältnis zur Macht, bestimmte Subjekte werden außerdem doppelt gehemmt, wenn strukturelle Hemmungen durch neoliberale Ideologien der Chancengleichheit oder Freiheit maskiert werden. Dabei wird dem Subjekt oft vermittelt, dass es selbst zu gehemmt sei, um wirklich etwas aus seinem Leben zu machen. Strukturelle Dimensionen werden oft negiert. Wir sehen solche strukturellen Dynamiken auch tagtäglich, etwa wenn wir uns den NSU-Skandal in Deutschland vor Augen führen und offenkundig wird, wie Staat und Verfassungsschutz Aufklärung systematisch gehemmt bzw. verhindert haben. Wir sehen Hemmungslogiken, wenn wir uns anschauen, wie hilflos, inkompetent und langsam die Polizei bei Hassreden und Missbrauch im Internet vorgeht. Wir sehen Hemmungslogiken im öffentlichen und vor allem digitalen Diskurs über queere und transinklusive Themen, wo bestimmten Identitäten und Lebensweisen das Recht auf Leben abgesprochen wird. Wir sehen Hemmungslogiken im Patriarchat, das Männlichkeit über alles stellt und bevorteilt und nicht-männliche Subjekte ausbremst und hemmt. Wir sehen Hemmungslogiken in Debatten über Migration und Leitkultur. All diese strukturellen Beispiele haben natürlich Auswirkungen auf individuelle Subjekte, und sie haben auch oftmals mit den drei Symptomatiken der Hemmung und Enthemmung zu tun, die ich anfangs benannt habe und die in den weiteren Kapiteln näher diskutiert werden: Körpererleben und Identität, Gewalt und Hass sowie Sexualität.

Enthemmung und Genuss

Freuds Motivation, die Psychoanalyse als Wissenschaft zu etablieren, war auch durch seinen Aufenthalt an Jean-Martin Charcots Salpêtrière in Paris und durch die Erfahrung der Symptome weiblicher »Hysterie« geprägt, die durch ein Klima der Unterdrückung von Sexualität begünstigt wurden. So geht es hier auch immer um gehemmte Sexualität. Diese kulturelle Diagnose dreht Lacan bekanntlich um und richtet seinen Fokus auf den Genuss, die *jouissance*, eine fortwährende kulturelle Aufforderung nach Enthemmung und Genuss. Es ist gerade die Aufforderung des Über-Ichs – »Genieße!« –, die das Subjekt hemmt und unglücklich macht. Genuss ist somit nach Lacan immer eine Art »Lust-Schmerz«. Obgleich die traditionellen Medien und auch digitale Plattformen oft das Gegenteil verkünden, ist vollständiges Glück utopisch. Auch grenzenloser Genuss kann vom Subjekt nie erlangt werden. Genuss nimmt ebenso oftmals eine autoaggressive, destruktive, schädliche oder leidensvolle Form an.

Der Lacanianer und Philosoph Todd McGowan (2003) beschreibt eine historische Wandlung westlicher Gesellschaften von Gesellschaften der Prohibition zu Gesellschaften des Genusses, wir könnten diese auch als eine historische Wandlung von Hemmung zu Enthemmung beschreiben. Gesellschaften, die auf Verboten und Restriktionen basierten – wie etwa zu Freuds Lebzeiten – sorgen durch normative Verbote vor allem für die Kohäsion und Stabilität der Gesellschaft. Ohne Verbote würde der Genuss eine Gefahr für die Gesellschaft darstellen, und dies schließt auch eine Tabuisierung bestimmter sexueller Praktiken und Orientierungen ein (ebd., S. 14). Um den Stellenwert des Genusses in postmodernen Gesellschaften zu verstehen, ist es notwendig, zur Figur des Über-Ichs zurückzukehren. Das Über-Ich steht in Verbindung zu den ethischen Normen und Gesetzen, die in einer Gesellschaft festgelegt sind. Es übt auf das triebhafte, amoralische Es eine Kontrolle aus. Dennoch hat das Über-Ich »obszöne« (ebd., S. 29) Qualitäten. Es lässt das Subjekt nie ganz in Ruhe. Indem sich das Über-Ich einerseits auf Gesetze und Werte bezieht und andererseits das Subjekt auffordert: »Genieße!« (diese Aufforderung kann allerdings in Konflikt zu den geltenden Gesetzen stehen), hat es einen äußerst ambivalenten Charakter (ebd., S. 29f.). Lacan fasst die Beziehung zwischen Über-Ich und Gesetz so zusammen:

> »Das Über-Ich ist zugleich das Gesetz und dessen Zerstörung. Als solches ist es die Sprache selbst, das Gebot des Gesetzes, insofern nichts mehr als seine Wurzel übrigbleibt. Das Gesetz ist vollständig auf etwas reduziert, das nicht einmal ausgedrückt werden kann, wie das ›Du musst‹, das eine Rede ist, die all ihrer Bedeutung beraubt ist. In diesem Sinne endet das Über-Ich damit, dass es nur noch mit dem identifiziert wird, was in der primitiven Erfahrung des Subjekts am verheerendsten, am faszinierendsten ist« (Lacan, 2002, S. 102).

Die Aufforderung des Über-Ichs zu genießen ist historisch gewachsen. Am Beginn des Kapitalismus herrschte vor allem eine protestantische Ethik. Nicht Genuss und Freizeit, sondern harte Arbeit waren wichtig, um Gottes Gnaden zu erlangen. Um 1900 aber entwickelte sich der Kapitalismus stärker zu einem Monopolkapitalismus – und das Gebot des Genießens wurde wichtiger. Dies wird im globalen Spätkapitalismus und heutigen Plattformkapitalismus noch verstärkt. Die Verpflichtung der harten Arbeit wird zur Verpflichtung des Genusses. Dieses endlose Streben aller Subjekte nach *Objekt klein a* steht im Einklang mit dem Kapitalismus:

> »Das Über-Ich, das den Genuss befiehlt, und die Epoche des globalen Kapitalismus stehen in einer symbiotischen Beziehung. Diejenigen, die unter der Herrschaft des Befehls zum Genießen stehen, werden zu perfekten globalen kapitalistischen Subjekten. Sie sind ständig auf der Suche nach den neuen Produkten, die die globale kapitalistische Wirtschaft anbietet, in der Hoffnung, mehr Genuss zu erlangen. Andererseits macht es die Struktur des globalen Kapitalismus dem Subjekt leicht, daran zu arbeiten, den Genussbefehl zu befolgen. Die Kreditwirtschaft, die in unserer Epoche vorherrscht, ist die offensichtlichste Art und Weise, wie dies funktioniert« (McGowan, 2003, S. 34).

Insofern fasst der Werbeslogan des »Magnum«-Eis aus dem Jahr 2009 sowohl den zentralen Imperativ des Über-Ichs als auch den zentralen Imperativ der kontemporären hedonistischen Kultur zusammen: *the world's pleasure authority*. McGowan beschreibt im weiteren Verlauf seines Buches die Durchdringung des Alltags durch Symbole, welche eine Form des enthemmten, symbolischen Genusses ermöglicht. Alle

Symbole offerieren einen »kompletten« (ebd., S. 71) ganzheitlichen Genuss. Echte *jouissance* würde oftmals die symbolische Ordnung gefährden, insofern ist es für die Subjekte oftmals einfacher, nur imaginär zu genießen, etwa wenn man sich eine Affäre nur vorstellt und gleichzeitig auf der symbolischen Ebene ein treuer Ehemann, eine treue Ehefrau bleibt. Indem die Subjekte imaginären Genuss ausleben, d.h. das *Objekt klein a* genießen, negieren sie den Mangel des Anderen. Dieser Genuss von Symbolen wird weder durch Gesetze noch durch das Über-Ich wesentlich eingeschränkt:

> »Anstatt das Gesetz als einen Einschnitt zu erleben, der eine imaginäre Reichhaltigkeit unterbricht, erfahren die Subjekte nur geringfügige Beeinträchtigungen ihres Gefühls der imaginären Reichhaltigkeit: kein Gesetz, sondern eine Reihe von Regeln, die die imaginäre Erfahrung umschreiben sollen. So bietet das Bild den Subjekten eine Zone, in der sie scheinbar frei genießen können, eine Zone, in die das Gesetz nicht eingreift. Es ist dieser Anschein der Freiheit zu genießen, der die Erfahrung des Imaginären so attraktiv für zeitgenössische Subjekte macht« (ebd., S. 71f.).

In Gesellschaften, die auf Verboten und Prohibitionen basierten, gab es nach McGowan immer Transzendenz. Indem etwas verboten oder streng limitiert ist, können Subjekte einen phantasmatischen Raum erschaffen, in dem das Verbot ausgelebt werden kann. Dieser transzendentale Raum beinhaltet das Objekt, nachdem das Subjekt strebt. Ohne explizite Verbote beginnt dieses transzendentale Phantasma nun zu verschwinden. Dieses Verschwinden lässt sich auch mit der konsequenten Öffentlichkeit und Öffentlichmachung von Subjekten in der gegenwärtigen Zeit erklären. Das, was in der Gesellschaft der Verbote geheimgehalten werden musste, wird in der Gesellschaft des Genusses öffentlich gemacht: vor allem Sexualität, aber auch generell Identität und intimes Körpererleben und ebenso Hass und Gewalt, wie ich im weiteren Verlauf des Buches diskutieren werde. Nichts darf im Geheimen und im Transzendenten bleiben, da sonst die Möglichkeit zu Genießen ungenutzt bliebe (ebd., S. 76–79). Aus diesem Grund, behauptet McGowan, sind auch Formate wie Reality-TV oder voyeuristische Internetseiten, Pornografie, wir könnten hier auch Soziale Medien hinzufügen, so populär:

> »Auf einer ›Reality‹-Website können wir sehen, wie Menschen beim Schlafen, Masturbieren, Zähneputzen usw. aussehen. Wir können die Unterseite des Lebens sehen, zu der wir sonst keinen Zugang haben. Wir fühlen uns zu dieser Enthüllung des Verborgenen hingezogen, weil wir glauben, dass wir das *objet petit a* der Menschen, die wir beobachten, entdecken, das Geheimnis ihres Genusses. Doch das Reality-Fernsehen und die Websites enttäuschen uns unweigerlich, weil die Enthüllung des Geheimnisses das Vergnügen nicht aufdeckt, sondern es im Gegenteil vernichtet« (ebd., S. 79).

Indem die transzendentale und reale Dimension des *Objekts klein a* verschwindet, verschwindet auch die Dimension, die die Subjekte *jouissance* erlangen ließe.

Von Hemmung und Enthemmung zu Ent/Hemmung

Eine strikte Trennung von Hemmung und Enthemmung ist nicht möglich. Gerade die Psychoanalyse zeigt, dass dort, wo Enthemmung stattfindet, auch immer Hemmung vorhanden ist und umgekehrt. Aus diesem Grund führe ich den Begriff der *Ent/Hemmung* ein. Dieses Konzept beschreibt einen Zustand der Hemmung und Enthemmung. Affekte, Zustände, Gedanken, Ängste, Fantasien, Erfahrungen und Handlungen des Subjekts sind aufgestaut, verstopft und geblockt – und andere sind komplett enthemmt, sind entfesselt, sie brechen heraus, entladen sich, schießen heraus. Ebenso verhält es sich mit Hemmung und Enthemmung auf struktureller Ebene. Wo Enthemmung ist, ist auch immer Hemmung – so die Ausgangsthese dieses Buches. Insofern sind die kulturellen Diagnosen einer komplett enthemmten Kultur oder bestimmter Moden und Praktiken, wie wir sie seit vielen Jahren immer wieder aufkommen sehen (jüngst etwa bei Altmeyer, 2023), zu vereinfacht und mit einer psychoanalytischen Sicht nicht kompatibel. Auch gibt es nie komplette Hemmung, sondern das gehemmte Subjekt verfügt auch immer über Dimensionen der Enthemmung. Ich möchte Hemmung auch nicht nur als etwas Pathologisches oder Schädliches betrachten. Wie Freud, und viele andere gezeigt haben, ist strukturelle Hemmung auch eine Bedingung für moderne Gesellschaften. Es ist die Aufgabe dieses Buches, die komplexe Verquickung von Hemmung und Enthemmung als gegenwärtiges psychosoziales Symptom kritisch zu analysieren.

3 Reality-TV und Soziale Medien: Peinlichkeit und Offenheit

Für Todd McGowan (2003) sind Internet und Reality-TV wichtige Orte des symbolischen Genusses. Reality-TV ist besonders relevant, da es bis zu einem gewissen Grad als Vorläufer der Sozialen Medien, der Prominenz-, Influencer- und *micro celebrity*-Kultur des gegenwärtigen Internets angesehen werden kann. Ähnlich wie bei Reality-Formaten geht es auch im Internet heute oftmals um Exhibitionismus, Entblößung, Emotionen, Affekte und eine absolute Zentriertheit auf das Individuum und was dieses zu sagen hat. Viele der Reality-Stars aus dem Fernsehen werden Influencer und umgekehrt. Viele Reality-Formate leben zudem vom Körperkult und der hedonistischen Zelebrierung »perfekter« Körper. Wir können ähnliche Dynamiken auf den Plattformen YouTube, Instagram und TikTok beobachten. Die Journalistin Yomi Adegoke äußert sich 2020 ähnlich im britischen *Guardian*:

> »In vielerlei Hinsicht sind die Sozialen Medien das neue Reality-TV. Influencer werden in ähnlicher Weise als ›berühmt, weil sie berühmt sind‹ verspottet wie einst die ›Möchtegerns‹, die an Reality-Shows teilnahmen. Heute sind die meisten von uns, unabhängig davon, in welchem Ausmaß wir teilnehmen, nicht nur Konsumenten, sondern auch Produzenten von Inhalten.

> Wir dokumentieren, bearbeiten und laden unser tägliches Leben hoch, damit es von anderen konsumiert werden kann; manchmal auch von Menschen, die wir gar nicht kennen. Prominente, Influencer und alle anderen sind jetzt in der Lage und bereit, das Gleiche bequem von zu Hause aus zu tun, allerdings ohne Angst vor einer Bearbeitung, die sie nicht abgesegnet haben.«

Embarrassing Bodies (2007–2015 im britischen Sender Channel 4) ist eine im typischen Reality-Stil konstruierte Sendung, die Patienten die Chance gibt, bestimmte körperliche Probleme erst zu entblößen, um dann, nachdem sie oftmals mit schnippischen oder lustigen Kommentaren bedacht worden sind, von Spezialisten behandelt zu werden. Besonders interessant ist dabei aus meiner Sicht, wie die körperlich-affektiven Reaktionen der Zuschauer aussehen bzw. wie sie versuchen, diese in Worte zu fassen (Johanssen, 2019). Dimensionen der Sendung, die von den Befragten als »schockierend«, »aufregend« oder »unterhaltsam« beschrieben werden, hängen mit den von Freud diskutierten Prozessen der affektiven Entladung zusammen. Die Narrative der Befragten deuten darauf hin, dass die Show, und ihr sehr detaillierter Inhalt, an Erfahrungen von Hemmung, Peinlichkeit, Angst und Unsicherheit in Bezug auf den Körper anknüpfen.

Dennoch erzeugt die Sendung auch ein Gefühl der Beherrschung. Auf der Ebene der Fantasie kann *Embarrassing Bodies* in Anlehnung an Anzieu (2016) als »Haut-Ich« betrachtet werden, dass die Befragten einhüllt, festhält und ihnen einen sicheren Raum verspricht. So sprechen die Befragten etwa über die Ärzte in sehr liebevoller Weise. Solche

Prozesse finden vor allem auf affektive und unbewusste Weise statt. Viele der Befragten sprechen über eigene peinliche oder angstbesetzte körperliche Erfahrungen und Körpergefühle. Die Ärzte werden in sehr mütterlicher Weise wahrgenommen; sichtbar wird die Sehnsucht der Zuschauer, mit den Ärzten verschmelzen zu wollen. Ellen z. B. sagt, dass die Sendung Aspekte der Medizin »entmystifiziere«. Explizit werden diese als Zustände – zuvor vielleicht in reiner Affekthaftigkeit erlebt – benannt und von den Ärzten erklärt. Dieser Akt des Benennens muss sich nicht unbedingt auf die Körper der Befragten oder eine Krankheit beziehen, die sie haben könnten, aber er suggeriert, dass es für alles eine Antwort und eine Behandlung gibt, die von den Ärzten in *Embarrassing Bodies* vollzogen wird. Dies ist ein typisches Merkmal vieler Reality-TV-Formate, wenngleich auch andere Motive, wie etwa eine voyeuristische und leicht sadistische Faszination in Bezug auf die dargestellten Körper, eine Rolle spielen.

Für Lacan stellt Peinlichkeit die ultimative Hemmungsstufe dar. In einer peinlichen Situation, oder wenn sich das Subjekt an sich als peinlich begreift, ist es vollkommen bloßgestellt und sieht keine Möglichkeit, sich zu schützen oder zu verbergen (Lacan, 2010): »Wenn ›Hinderung‹ sich auf den narzisstischen Schlag, das Gesicht zu verlieren bezieht, ist Peinlichkeit eindeutig viel schlimmer, denn es bedeutet, ›alles zu verlieren‹, der nackten Realität des eigenen (fehlenden) Seins ausgesetzt zu sein« (Nobus, 2016, S. 28). »Peinlichkeit« bedeutet, dass es kein Ausweichen, keinen Plan B, keine Verschleierung der Situation geben kann. Während das gehemmte Subjekt auch schamvoll bloßgestellt werden oder momentan sein Gesicht verlieren kann, ist Peinlichkeit weitaus schlimmer und allumfassender, da der ontologische Mangel des Subjekts offenbar wird. In peinlichen Situationen geht es immer um einen Exzess, um ein »zu viel«. Das symbolische Gesetz macht dem Subjekt deutlich, dass dieses in diesem Moment zu viel ist. Peinlichkeit – und dies gilt auch für *Embarrassing Bodies* – geht oft mit einem hohen Grad an Emotionalität und Scham einher. »Emotion bedeutet, dass etwas so bewegend ist, dass es schwer wird, sich zu bewegen; etwas ist so bewegend, dass die eigenen Bewegungen angehalten werden« (ebd., S. 29). So äußert sich etwa die Patientin Karen in genau dieser Weise, wenn sie von ihrer plötzlichen Akne spricht:

> »Ich kann nicht zur Arbeit gehen, ich kann nicht einkaufen gehen. Mein Mann macht im Moment alles, und ich schaue die ganze Zeit nur in den Spiegel. Es ist einfach ein Albtraum. Für mich hat sie [die Akne; J.J.] Karen weggenommen. Sie wissen schon, wie ich war. Und ich fühle mich einfach nicht mehr wie diese Person« (*Embarrassing Bodies*, S5, F8, 25:37–25:52).

Embarrassing Bodies inszeniert bewusst Peinlichkeit – und dies wird in perverser Form immer wieder in den Vordergrund gestellt:

> »[Erzählerstimme aus dem Off:; J.J.] Vor 5 Jahren unterzog sich die 30-jährige Trina einer großen Operation, die zwar erfolgreich verlief, aber ein magenumdrehendes Vermächtnis hinterließ.
>
> Trina: Die Leute starren ziemlich viel, ich komme damit klar, indem ich größere Kleidung trage. Das hat Auswirkungen auf

meinen Partner, denn ich mag es nicht, wenn er mich nackt sieht. [...]

Dr. Dawn: Trina, kommen Sie rein, setzen Sie sich. Wie kann ich Ihnen helfen?

Trina: Ich bin heute hier, um über meinen Bauch zu sprechen, ähm, wegen der Narben, ich habe tiefe Narben.

Dr. Dawn: Also Narbenbildung, hatten Sie eine Operation oder eine Verletzung an Ihrem Bauch?

Trina: Ja, ich bin operiert worden. Mir wurde ein Teil meines Darms entfernt, ähm, wegen einer Kolitis.

Dr. Dawn: Was waren die Symptome, die Sie hatten?

Trina: Ähm, nur, ähm, dass ich nicht in der Lage war, ähm, zu kontrollieren, ähm, Toilette, dass ich täglich Missgeschicke hatte, ähm.

Dr. Dawn: Oh mein Gott, aus Ihnen sind also echt Exkremente ausgelaufen, ja?

Trina: Im Grunde genommen.

Dr. Dawn: Und war da eine Menge Blut und so weiter?

Trina: Ja.« (ebd., S5, F4, 08:32–10:26)

Peinlichkeit wird hier – entgegen der Lacan'schen Definition – sowohl als harmlos und alltäglich als auch als furchtbar und in hohem Grad hemmend inszeniert. Der Slogan der Serie lautet »There is no shame, we're all the same« und zeugt von einer perversen Grundstruktur, welche die Patienten bloßstellt und beschämt, aber auch *contained* und auffängt. Dieses Doppelspiel ist auch in den un/bewussten und affektiven Motiven und Sehgewohnheiten der Befragten meiner Studie sichtbar.

Es ist das Zusammenspiel von Worten und Sprache sowie

von non-verbalen Elementen, welches die Sendung so besonders und gleichzeitig typisch für Reality-TV-Formate macht, wie die obige Szene aufzeigt. Es geht hier nicht nur um Emotionalität, sondern auch um ein hohes Maß an Affektivität. Jack Bratich (2011, S. 63) definiert Reality-TV als ein Genre, das »Affekte kombiniert, verbindet, akkumuliert und programmiert«. Für ihn verkörpert es »Bedingungen für eine maximale affektive Volatilität« (ebd., S. 64), bei denen es um (dargebotene) körperliche Beziehungen zwischen den Teilnehmern geht, wie z. B. Weinen, verbale und körperliche Kämpfe, Nacktheit, Veränderung des körperlichen Aussehens, Wettbewerbe zwischen den Teilnehmern, Beurteilung durch Experten usw. So zeigt Reality-TV »affektive Bindungen« (ebd., S. 69), die sich im Laufe einer Folge ändern können. Diese relationale Affektivität ist ein Hauptmerkmal dieses Formats, dass sich in gewisser Weise auch in den Sozialen Medien wiederfindet. Sowohl Reality-TV als auch Soziale Medien erschaffen ein Subjekt, dass so viel wie möglich von sich mit der Öffentlichkeit teilen soll. Die übermäßige Affektivität ist wohl das stärkste Merkmal von *Embarrassing Bodies* und vielen anderen Reality-Shows. Sie locken die Zuschauer gerade durch das Versprechen eines Blicks auf spektakuläre Körper, die nur wenige zuvor gesehen haben, und mittels dieses Blicks erlangen sie (scheinbar) eine besondere Form des Genusses.

Soziale Medien und die Logik des Teilens

Wie auch in vielen Reality-TV-Formaten geht es bei Sozialen Medien um eine oftmals emotionale und affektive Form der

Externalisierung und Kommunikation von Assoziationen, Gedanken, Fantasien und Praktiken. In der Anfangsphase der Sozialen Medien, etwa von den späten 1990ern bis in die 2010er Jahre, wurde diese Produktion und Kommunikation von Inhalten als Praktik des *Teilens* propagiert und auch von Nutzern als diese verstanden. Soziale Medien waren Orte, die durch das Teilen entstanden und dieses möglich machten (John, 2013; Meikle, 2016). Mittlerweile ist diese Rhetorik fast komplett von den Plattformen und externen PR- oder Pressemitteilungen verschwunden, wie Nicholas John (2022) anmerkt. Dies gilt auch für den Begriff des Web 2.0, der die interaktive und soziale Dimension des Internets ab den 2000ern kennzeichnet und mittlerweile eher durch den Begriff der Plattform verdrängt wurde. Plattformen, wie Twitter, Facebook oder TikTok, mögen von stetigem Wandel geprägt sein, jedoch ändert sich ihr Grundcharakter äußerst selten (sofern eine Plattform nicht geschlossen wird, was natürlich auch vorkommt). Von einer Logik des Teilens zu sprechen, ist deshalb hilfreich, um zu untersuchen, inwieweit diese von Usern angenommen und gestaltet wird.

Der Begriff des Teilens von Inhalten auf digitalen Plattformen ist ein ambivalenter Begriff, der schwer definierbar erscheint (Wittel, 2011; Kennedy, 2016). Man kann ihn mit Ausbeutung, Fragen der digitalen Arbeit und Entfremdung auf und mittels Plattformen in Verbindung bringen oder eher Aspekte der Kreativität, des Genusses und der Partizipation in den Vordergrund rücken (z. B. Jenkins, 2006; Dahlgren, 2013). Ich bin an einer psychosozialen Perspektive interessiert, die untersucht, inwieweit etwa Soziale Medien Nutzer ermuntern, auffordern und zwingen, Dinge über sich zu teilen. Bei Sozialen Medien und anderen Plattformen geht es immer um Dynamiken der Externalisierung von Aspekten der Subjektivität und Identität. Natürlich wissen viele Nutzer um die problematischen Aspekte der Datafizierung, Überwachung und Auswertung der Inhalte, die sie geteilt haben, und sehen das Teilen dennoch als wichtigen und auch reziproken Bestandteil ihrer Nutzung an (van Dijk, 2013; Jarrett, 2015; Kennedy, 2016). Viele sind deshalb vorsichtig und gehemmt, teilen aber oft dennoch bestimmte Aspekte von sich (Stutzman, Gross & Acquisti, 2012; Marwick & boyd, 2011). »Teilen« klingt unschuldig, ist aber nie ein neutraler Begriff.

Jenny Kennedy (2016, S. 468) definiert das Teilen auf Sozialen Medien wie folgt: »Teilen wird im Zusammenhang mit Offenlegung und Affekt definiert und bedeutet, sich anderen durch eine Form der Gefühlsäußerung zur Verfügung zu stellen.« Nicholas John ist davon überzeugt, es sei *der* Begriff, der die Partizipation im Web 2.0 am besten beschreibt (2012, S. 168). *Sharing* und die Aufforderung dem nachzukommen ist gleichsam Rhetorik von Plattformen und ihr elementarer Bestandteil. Je mehr geteilt wird, desto besser. Wenn keine Inhalte geteilt würden, könnte eine Plattform nicht mehr bestehen:

> »Soziale Medienplattformen nutzen die Rhetorik des Teilens, um ihre Funktion als Förderer des sozialen Miteinanders zu etablieren. Hier sind einige typische Behauptungen: ›Facebook hilft Dir, sich mit den Menschen in Deinem Leben zu verbinden und auszutauschen‹. ›Finde heraus, was gerade mit den Menschen und Organisationen passiert, die dir wichtig sind‹, sagt Twitter. ›Teile Dein Leben in Fotos‹, lädt Flickr ein, ›bleibe mit

> Deinen Freunden in Kontakt und teile Deine Geschichten mit Kommentaren und Notizen‹. Auch YouTube versteht sich als Vermittler sozialer Beziehungen und bietet über seine iPhone-App ›mehr Möglichkeiten, Dinge mit den Menschen, die Du liebst, zu teilen‹« (Kennedy, 2013, S. 130).

Diese Rahmungen (und Aufforderungen zu teilen) sind besonders aus psychoanalytischer Perspektive interessant, ist das Teilen doch ein elementarer Bestandteil menschlichen Zusammenseins, sei es das Teilen von Objekten und Räumen als auch das Teilen von emotionaler Nähe, Liebe, Problemen, Fragen usw. Zusammen ist man weniger allein. Beim Teilen geht es auch immer um un/bewusste Ent/Hemmung. Im Zeitalter des Plattformkapitalismus wird das Teilen online als die Norm und als selbstverständlich dargestellt. »Privatheit ist keine soziale Norm mehr«, wie Mark Zuckerberg 2010 sagte. Plattformen sind an einem gewissen Maß enthemmten Teilens interessiert und fordern Subjekte aktiv dazu auf. Menschen, die teilen, sind sozial, reflexiv, offen und kreativ. »Gute Subjekte posten, aktualisieren, ›liken‹, twittern, retweeten und vor allem *teilen*« (Kennedy, 2013, S. 131). Teilen wird somit zu etwas Normativem, das elterliche Fürsorge und autoritäre Erziehung assoziieren lässt. »Sharing is caring«, »Teilen heißt Fürsorgen«, lautet ein bekannter Spruch, der sich in englischsprachlichen Kindergärten, Elternhäusern und Fernsehserien hören lässt. Junge Kinder müssen erst lernen, was es heißt, zu teilen und nicht zu besitzergreifend zu sein, wenn sie mit anderen Kindern spielen. Spielerisch zu lernen, was es bedeutet, zu teilen, ist ein wichtiger Bestandteil, um aus der Dyade auszubrechen, sich mehr dem Sozialen zuzuwenden, in Gruppen zu agieren und letztendlich ein Teil der Gesellschaft zu werden. Für Kinder wird das Teilen als genussvoll und ethisch dargestellt, jedoch müssen sie es lernen und sich dieser Aufforderung fügen. Die Aufforderung zu teilen ist damit auch eine Aufforderung an das individuelle Kind, sich relational und sozial zu verhalten. Teilen ist insofern auch wichtig, als das Kind lernt, sich zeitweise von Objekten zu trennen und dass diese von anderen benutzt werden können, ohne zu verschwinden. Dies ist vielleicht noch wichtiger oder eine weitere Stufe des Fort-Da-Spiels, das Freud beschrieben hat. Donald W. Winnicott (2002) schreibt dem Spielen eine große Wichtigkeit als Urstufe von Kultur zu. Russell Belk (2009) führt aus – und hier würde die Psychoanalyse wohl zustimmen – dass eine der ersten Instanzen des Teilens die Mutterschaft ist: »Bei der Geburt teilt die Mutter ihren Körper mit dem Fötus und gibt dem Säugling anschließend ihre Muttermilch, Pflege, Fürsorge und Liebe weiter« (ebd., S. 717). »Diese Fürsorge wird frei weitergegeben, ohne Bedingungen und ohne die Erwartung von Gegenseitigkeit oder Austausch« (ebd.), so Belk weiter. Allerdings ist dies aus psychoanalytischer Perspektive nicht immer ganz zutreffend. Die Beziehung zwischen Baby und Mutter ist reziprok und sehr wohl von »Antworten« des Babys geprägt. Außerdem ist die Beziehung stark durch Fantasien, Affekte oder Erwartungen auf beiden Seiten geprägt. Die Mutter erwartet (un)bewusst vom Baby, dass es auf die offerierte Milch, Fürsorge und Liebe reagiert – und dies geschieht ja auch. Jedoch können die Reaktionen von der Mutter (und anderen) auch als nicht genug, exzessiv oder falsch aufgefasst werden, obgleich sie ja vom Baby nicht so intendiert sind, und dies führt dann zu Stress oder Leiden. Teilen ist hier immer aktuell und virtuell zugleich.

Architektur und Designstruktur von Sozialen Medien sind auf Praktiken des Teilens angelegt. Diese Praktiken sind oftmals von enormer Geschwindigkeit geprägt. Mit dieser Geschwindigkeit geht auch eine Erwartung einher, dass etwa gepostete Tweets sofort mit Likes, Retweets und Kommentaren »belohnt« werden müssen. Dasselbe gilt heute für E-Mails in vielen Berufen. Diese Dynamiken von digitalen Pattformen haben etwas Enthemmtes und Phallisches an sich. Bei Sozialen Medien geht es immer auch um affektive Externalisierung von inneren Assoziationen, Ideen, Gedanken, Fantasien usw. Diese erscheinen sofort vor den Augen der User. Es ist gerade die Logik des Teilens, eingebettet in ein bestimmtes Interface, die diesen affektiven und oftmals enthemmten Nutzungsstil, im Guten wie im Schlechten, möglich macht, indem das Geteilte von sicheren Strukturen getragen wird: von bestimmten Designfeatures, den immergleichen Emoticons, einem vorstrukturierten Profil, der Beschränkung auf 280 Zeichen auf Twitter usw. Soziale Medien muten so erstmal sicher und zuverlässig an: Es ist gerade die permanente Aufforderung zu teilen, die Sicherheit, Liebe und Fürsorge signalisiert. Soziale Medien begeben sich damit quasi in die Rolle eines Therapeuten, ohne diese natürlich ernsthaft auszufüllen, und signalisieren frei nach Goethe: »Hier bist Du Mensch, hier darfst Du's sein.« Es ist eben gerade die Aufforderung zu teilen, die etwas Therapeutisches an sich hat:

> »Ich möchte jedoch argumentieren, dass die Kraft des Begriffs ›Filesharing‹ auch und vor allem in der Bedeutung des Teilens

> als eine Art der zwischenmenschlichen Kommunikation liegt, die Nähe, Offenheit und Ehrlichkeit impliziert. Dieser Sinn des Teilens ist eindeutig zentral für das, was als therapeutische Kultur oder Diskurs bezeichnet wird (John, 2014, S. 205).

Dieses therapeutische Versprechen kann teilweise auch eingelöst werden, jedoch bleibt es meist eine Illusion und verschleiert den ambivalenten Charakter Sozialer Medien, die profitorientiert sind und denen viel daran liegt, dass Subjekte pausenlos Daten produzieren. Soziale Medien entwerten und lieben, missbrauchen und brauchen, sorgen sich um und beuten User aus. Somit ist die Aufforderung zu teilen auch immer heuchlerisch, da es nur sekundär um die Ermöglichung von Kommunikation geht und primär darum, mit Nutzerdaten Geld zu verdienen.[1]

Soziale Medien zwischen Hemmung, Hinderung und Peinlichkeit

Die zehn Teilnehmer meiner Studie (2019) zur Rezeption von *Embarrassing Bodies* habe ich über Twitter rekrutiert. Alle nutzten es auf unterschiedliche Weise, jedoch tweeteten sie alle nicht über die Sendung oder ihre tiefe Verbundenheit mit ihr. Viele sprachen gar mit niemandem über die Sendung. Eine Befragte sagte, dass die Sendung ihrer Meinung nach im Allgemeinen nicht als Thema in einer »höflichen

1 An anderer Stelle (Johanssen, 2019, 2021; Rambatan & Johanssen, 2021; Johanssen & Krüger, 2022, Kapitel 3) analysiere ich diese Dynamik mittels des psychoanalytischen Perversionsbegriffs.

Unterhaltung« angesehen werde. Eine andere sprach gerne über *Embarrassing Bodies*, wurde aber regelmäßig von Kollegen ermahnt, »die Klappe zu halten«, da diese »denken, dass ich komisch bin, weil ich mir diese Sachen anschaue«. Sechs Befragte gaben zwar an, dass sie die Sendung manchmal mit Freunden oder Partnern angeschaut, viele aber sagten auch, dass sie nie mit jemandem über die Sendung gesprochen hatten. Dies mag einerseits damit zu tun gehabt haben, dass die Sendung als »Trash-TV« galt, jedoch spielen hier auch tieferliegende Motive eine Rolle. Dabei schauten die Befragten auch mit einem gewissen Grad an Schadenfreude und Voyeurismus zu. Über diese Motive spricht man zweifelsohne weniger im Alltag oder auf Sozialen Medien. Innerhalb vieler Interviews der Studie gab es verschiedene andere Erzählungen, die eher darauf hinwiesen, dass die Sendung für die Befragten eine ernstere Funktion erfüllt. Auf Twitter verhielten sich die Befragten dann auch ambivalent und folgten etwa den Ärzten der Sendung, blieben aber inaktiv, was Tweets über diese oder die Sendung anging.

Zu Beginn der 2010er Jahre war die Forschung zu Twitter und Sozialen Medien generell oft von positiven und enthusiastischen Argumentationen geprägt. So schreiben etwa Highfield, Harrington und Bruns (2013, S. 405), dass Twitter ein »virtuelles Wohnzimmer« sei; User würden sich gemeinschaftlich verbunden fühlen, etwa wenn sie live während einer TV-Sendung tweeteten. Dies ist sicherlich mitunter der Fall. Murthy (2013) betont in ähnlicher Weise die positiven Fähigkeiten von Twitter für die soziale Kommunikation. Für die Nutzer kann das Tweeten der »Selbstbestätigung« (ebd., S. 28) ihrer Identitäten dienen. Es ist eine Möglichkeit, der

Welt und sich selbst zu zeigen, dass sie existieren. Im Fall der Forschungsteilnehmer zogen es einige vor, auf Twitter inaktiv zu bleiben, und nutzten es nur, um die Tweets anderer zu lesen. Es scheint eine Diskrepanz zwischen der aktiven Twitter-Nutzung der Befragten und ihrer bewussten (und unbewussten) Hemmung hinsichtlich Tweets über die Sendung zu bestehen. Marwick und boyd (2011) zeigen, dass es insbesondere bei Twitter für die Nutzer schwieriger ist, ihr Publikum zu kennen und zu kontrollieren. Es ist unsichtbar, weil jeder die Tweets anderer sehen kann (sofern sie nicht auf »privat« gestellt sind) und sie über die unmittelbaren Follower hinaus weitergetweetet werden können. Matt Hills (2014, S. 195) stellt fest, dass für die Nutzer sozialer Netzwerke diese Orte »selbst eine intensiv subjektive Bedeutung in Verbindung mit intersubjektiver Bedeutung annehmen«. Diese Spannung zwischen der subjektiven Bedeutung von *Embarrassing Bodies* und den sozialen Normen und Erwartungen des Publikums, die es den Nutzern möglicherweise »untersagen«, eine solche subjektive Bedeutung zu offenbaren, kann durch das Folgen der Ärzte aufgelöst werden. Der Akt, jemandem auf Twitter zu folgen, kann in diesem Fall als eine eher passive Handlung betrachtet werden. Er stellt eine Verbindung her, die für andere relativ unsichtbar bleibt und möglicherweise nicht gezeigt wird, es sei denn, Befragte würden z.B. einen Tweet retweeten. Auch wenn die Befragten nicht unbedingt über *Embarrassing Bodies* auf Twitter sprechen wollten, ermöglichte ihnen die »Follow«-Funktion dennoch, mit der Sendung verbunden zu bleiben.

Die Fähigkeit der Sendung, als Vermittler über peinliche Aspekte des Körpers zu sprechen, ist nicht grenzenlos.

Möglicherweise war sie für viele Befragte auch auf einer unbewussten Ebene präsent, wenn es um affektive Erinnerungen in Bezug auf ihre eigenen Körper ging. Die Serie führte bei den Befragten zu derart affektiven Reaktionen, dass sie möglicherweise nicht in der Lage waren, sich auf einer kommunikativen Ebene mit ihr auseinanderzusetzen. Viele drückten ihr tiefes Vertrauen in die Ärzte und die Sendung aus, nutzten die Website und folgten ihnen auf Twitter, schwiegen aber auf der Plattform und in interpersonellen Gesprächen. Dies mag daran liegen, dass Ärzte und Sendung unbewusst etwas in Bezug auf sich selbst berührten und aktivierten, was *ihre* Körperlichkeit angeht, das dann die Befragten sehr bewegte. Dieses »Etwas« bezog sich auf Affekte sowie peinliche und problematische Körpererfahrungen, die zu privat sind, um sie online mitzuteilen, und die sich auch nur schwer in Worte fassen lassen. Das Schweigen auf Twitter wird so zum unbewussten Akt des Widerstands gegen die Botschaft der Serie, dass die Nutzer sich beteiligen und dazu beitragen sollen, das Tabu kranker Körper durch sichtbare Interaktion mit der Sendung im Netz aufzuheben. Es wird darüber hinaus auch zum Akt des Widerstands gegen das von den Sozialen Medien propagierte Mantra, dass die Nutzer alles teilen sollen, was ihnen durch den Kopf geht. So waren die Zuschauer von der Serie in Bezug auf körperliche Reaktionen, die sich auf vergangene Körpererfahrungen beziehen, derart betroffen, dass sie sich schützen wollten, indem sie solche Reaktionen nicht in den Sozialen Medien preisgaben. Diese unbewusste Dimension stellt eine defensive Abwendung von den verkörperten Erfahrungen dar, die die Zuschauer ausführlich in den Interviews thematisierten. Viele Befragte sprachen mit mir über Aspekte ihres Körpers (Ängste, Unsicherheiten oder traumatische Körpererfahrungen), aber dies stand laut eigener Aussage in keinem Zusammenhang mit dem Konsum der Sendung. Derartige Erfahrungen wurden aus meiner Sicht durch das Ansehen der Sendung begünstigt, wenngleich sich die Befragten eines solchen Zusammenhangs nicht bewusst waren. Nicht über die Sendung zu twittern und die damit verbundene Hemmung, ist somit ein Akt des Schutzes seitens der Nutzer, um sich nicht öffentlich mit Aspekten ihres Körpers auseinanderzusetzen.

Alle Befragten berichteten von körperlich-affektiven Reaktionen beim Sehen von *Embarrassing Bodies*, etwa in Bezug auf bestimmte Szenen oder Nahaufnahmen von Körperteilen. Sie vermochten diese Reaktionen nur schwer in Worte zu fassen und konnten sie auch nicht näher erklären. Auch sprachen viele von eigenen traumatischen oder *peinlichen* Körpererfahrungen, die sie erlebt hatten. Wenn das Subjekt sich selbst als peinlich ansieht oder von anderen als peinlich bloßgestellt wird – was in der Sendung fortwährend geschieht – kommt dies einem (momentanen) Totalverlust der Subjektivität gleich. Das Subjekt ist in seiner Identität und Ichfunktion komplett gehemmt. Die Sendung spielt mit solchen Formen der Hemmung, löst diese aber immer auf. Es gibt immer ein Happy End und die Patienten werden geheilt. Obgleich die Sendung mit Schadenfreude, Scham und Peinlichkeit operiert, hat sie dennoch stark *containende* Elemente. Natürlich gab es für die Befragten selbst kein oder wenig Containment. Ihnen wurde ja nicht geholfen, ihnen sagte niemand, dass ihre Körper so in Ordnung seien, wie sie seien. Ihre Rezeption blieb daher oft sehr affektiver Natur. So sprachen drei

Befragte explizit davon wie »aufgeregt« sie seien, wenn sie vor dem Fernseher saßen. Der Begriff »aufgeregt« erinnert an die nervöse »Aufregung« oder »Erregung«, die Freud (1950 [1895]) in seinem frühen Werk über die Hysterie verwendet. Für Freud ist der Affekt eine »Summe von Erregungen«, die sich entladen. Einige Interviewpartner hatten ihre affektiven Reaktionen auf das Programm in ähnlicher Weise diskutiert. Da immer etwas zurück- und ein wirkliches Containment ausbleibt, muss dieses Etwas, diese affektive Aufregung, abreagiert und ausagiert werden. Natürlich liegt hier keine pathologische Hemmung vor, dennoch findet sich eine abgeschwächte Form der Angst und Peinlichkeit nach Lacan in den (Nicht-)Nutzungspraktiken der Befragten wieder. Nach Lacan ist das Subjekt dazu imstande, einer peinlichen Situation zu begegnen, zieht sich aber auch immer wieder zurück. Es findet also keine vollständige Begegnung statt.

Körpererleben und Identität

Die Hemmungen der *Embarrassing Bodies*-Zuschauer sind symptomatisch für viele weitverbreitete Hemmungen, die vor allem junge Menschen fühlen, wenn es um die eigene Körperlichkeit, das Körpergefühl und die Identität geht – und auch, wie diese virtuell repräsentiert werden. So singt die 30-jährige Sängerin LEA in ihrem Lied *Swimming Pool* (2021):

> »Ich würde anzieh'n, wonach mir grad ist
> Und dann raus in die Nacht, dir schreiben, wo du bist
> Und ich würd dir sagen, was ich wirklich empfind
> Wenn du sagst, dass ich schön bin, würd glauben, es stimmt

> Wär ich jemand anders als ich
> Hätt nicht diesen Kampf innerlich
> Ich frag mich, wie das wohl ist
>
> Wär ich jemand ohne Angst
> Und hätt 'n bisschen mehr Mut
> Ich glaub, ich würd alles auszieh'n
> Und springe in den Swimmingpool
> Und wär ich nicht so geword'n
> Würd denken, alles ist gut
> Würd mich nicht hinterfrag'n
> Wüsste, ich gehör dazu
> Wär ich jemand ohne Angst«.

Diese Textzeilen thematisieren sehr treffend die Sorgen und Ängste vieler junger Menschen, Gefühle, die zwischen Selbst- und Fremdbild, Fragen des »richtigen« Körpers, des Selbstbewusstseins und Selbstzweifels hin und her pendeln. In einem Video-Interview reflektiert LEA (2021) über den Song:

> »Wer bin ich eigentlich und wäre ich jemand anders als ich, wer wäre ich dann und wäre das gut? Wäre das schlecht? Jeder kennt es, dass man auf bestimmte Eigenschaften von anderen Menschen eifersüchtig ist oder sich denkt: Ich möchte das auch haben, so sein wie der und der oder die und die. [...] Sich selbst anzunehmen, wie man ist, ist für mich schon immer ein großes Thema gewesen, seit ich denken kann, gefühlt. Auch seit dem Moment, in dem man anfängt, sich mit anderen zu vergleichen. Aber natürlich auch durch Social Media noch viel mehr verstärkt. Weil früher hat man Leute vielleicht in einem

> Magazin bewundert, oder in einer Zeitschrift. Und die waren dann aber so weit weg, das war so weit weg aus der Realität, dass man sich damit auch gar nicht verglichen hat, sondern nur bewundert hat. Und heutzutage mit Social Media hast du das Gefühl, du kannst dich mit allen vergleichen. Und das macht dich noch viel unglücklicher. Es scheint erreichbar, aber ist es ja gar nicht, weil es ja auch nicht echt ist. So vieles ist so konstruiert und so unecht und scheint dennoch so echt und scheint auch eigentlich die Norm zu sein. Ist es aber gar nicht. Das ist so ungesund! […] Das finde ich schon auch sehr gefährlich, dass diese ›Ideale‹ so realitätsfern sind, heutzutage. Früher sicherlich auch schon aber auf einer anderen Ebene, weil sie nicht so erreichbar schienen.«

LEA wirft hier sehr existenzielle Fragen auf, die nicht nur etwas mit dem Ideal-Ich des Subjekts zu tun haben, sondern auch immer mit Fragen der imaginären und realen anderen Subjekte, die das Subjekt sehen und bewerten. Das individuelle Subjekt sieht sich mitunter in Konkurrenz mit anderen Usern, da Soziale Medien immer vermitteln, dass jeder so erfolgreich und begehrt sein kann wie z. B. der Influencer. Die Logik des Teilens dient hier als vermeintlich demokratisierender Prozess, um Reichweite und Popularität zu erlangen.

Hierbei geht es vor allem auch immer um Fragen der Identität und wie diese mit einem Körpererleben und Körperbild verbunden sind. So bringen vor allem Plattformen wie Instagram »neue Anforderungen und Zwänge hervor« (Benzel & King, 2019, S. 6), die »aus der Verbindung von Gruppenbezug und digitalem Optimierungsdruck starke Normierungen der Selbst- und Körperdarstellungen etwa dazu, was gezeigt oder verborgen werden muss« (ebd.), entstehen lassen. Diese Fragen stellen sich alle Menschen in Sozialen Medien, jedoch haben sie in ihren pathologischen Formen als psychische Krisen in den letzten Jahrzehnten zugenommen (Plener, 2015). So zeigt etwa Susanne Benzel in ihren Arbeiten, wie sich selbstverletzendes Verhalten junger Frauen und Mädchen psychoanalytisch untersuchen lässt und wie es sich im Zeitalter des Internets und der Sozialen Medien verändert hat (Benzel, 2019, 2021; Benzel & King, 2019). »Solche Selbst und Körperpräsentationen kommunizieren Leid und Nöte. Sie dokumentieren und inszenieren auf dramatische Weise die körperliche Veränderung als bebilderte Verletzungsgeschichte« (Benzel & King, 2019, S. 7). Plattformen wie Instagram haben Mühe, Inhalte, die etwa selbstverletzendes Verhalten oder Anorexie zeigen, zu moderieren bzw. mit ihnen umzugehen. Auch in Bezug auf die psychosexuelle Entwicklung sind solche Aspekte der Selbst- und Fremdbestimmung von Bedeutung.

Teilen ohne Resonanz?

Natürlich tragen Medien und Medieninhalte zu einem gewissen Grad auch zu diverseren Körperbildern bei: Instagram etwa bildet viele Inhalte der *body positivity*- und *body-neutrality*-Bewegungen ab. Jedoch ist der ständige Vergleich zwischen einzelnem Subjekt und anderen Subjekten allgegenwärtig und wird durch die individualisierenden Funktionen Sozialer Medien (Likes, Shares, Retweets usw.) noch verstärkt. Dieser Vergleich findet nicht nur auf inter- und intrasubjektiver Ebene statt, sondern ist auch wichtig, wenn es darum geht, an wen Botschaften in Sozialen Medien eigentlich gerichtet sind. In einer frühen

Studie zur Nutzung von Twitter befragten Alice Marwick und danah boyd (2011) zahlreiche User, warum sie die Plattform nutzten und an wen ihre Tweets gerichtet waren:

- »An mich selbst. Es ist MEIN Twitter-Account, also geht es hauptsächlich um mich.
- ›Für wen twitterst du?‹ Für niemanden & das gefällt mir. Oder vielleicht für mich selbst vor fünf Minuten: Ich schreibe die Tweets, die ich lesen will.
- Ich twittere für niemanden; ich tue es einfach, um es zu tun« (ebd., S. 119).

Auf die Frage, welche Inhalte die User aussparen würden, gab es folgende Reaktionen:

- »Alles, was ich als TMI [*too much information*; J.J.] betrachten würde (um es meinen Followern zu ersparen): Familienprobleme, Beziehungsstreitigkeiten usw. Wir sind hier nicht auf FB [Facebook; J.J.].
- Ich bin mir sehr bewusst, dass Twitter öffentlich ist. Ich würde nichts twittern, von dem ich nicht möchte, dass meine Mutter/mein Arbeitgeber/mein Professor es sieht« (ebd., S. 125).

Auch wenn sich Twitter als Plattform seitdem gewandelt haben mag, sind diese Nutzungsmuster doch weiterhin bei Vielen ausgeprägt. Trotz allem lassen sich die obigen Antworten psychoanalytisch hinterfragen: Die Aussage, für niemanden zu twittern, zeugt an sich von einer gewissen Hemmung, zuzugeben, dass User natürlich über sich selbst twittern, um von *anderen* gesehen und anerkannt zu werden. Es ist ihnen möglicherweise peinlich, dies so hervorzuheben. Die anderen Zitate zeugen von einer gewissen Selbstzensur und Hemmung, die bei allen vorherrscht – auch bei denen, die komplett enthemmt und assoziativ unterwegs sind.

> »[S]elbst Nutzer, die nichts Skandalöses posten, müssen Tweets formulieren und Diskussionsthemen auf der Grundlage der imaginären Beurteilung des Publikums auswählen. Dieses Bewusstsein impliziert eine ständige Identitätsdarstellung auf der Bühne, die den Wunsch, positive Eindrücke aufrechtzuerhalten, mit dem Bedürfnis, anderen wahrhaftig oder authentisch zu erscheinen, in Einklang zu bringen versucht« (ebd., S. 124).

Diese imaginäre Beurteilung ist in allen Sozialen Medien konstant präsent. Dies schließt auch die immer wiederkehrende Frage danach ein, ob sich das Subjekt gut präsentiert, wie etwa Sherry Turkle (2011) zeigt. Habe ich genug Freunde und Follower? Werde ich ausreichend gesehen? Werden meine Inhalte geliked? Kriege ich genug und positives Feedback? All diese Fragen sind elementar und können die Nutzung Sozialer Medien sowohl hemmen als auch enthemmen (siehe dazu auch Johanssen & Krüger, 2022, S. 85–88).

Sherry Turkle (2011) macht deutlich, dass heutige Teenager durch digitale Technologien »alleine zusammen« seien. Sie seien einsam und entfremdet, könnten aber diese Zustände nicht aushalten und versuchten sie mittels Smartphones und anderer Gadgets zu überbrücken, um in ständigem virtuellen Kontakt zu bleiben:

> »Wenn ich mich traurig fühle, schreibe ich ein paar meiner Freunde [...], weil ich weiß, dass sie da sein werden und mich trösten können. Wenn etwas Aufregendes passiert, weiß ich, dass sie da sein werden, um mit mir gemeinsam aufgeregt zu sein, und solche Sachen« (ebd., S. 175).

Dieser ständige virtuelle Kontakt könne, so Turkle, den realen allerdings nicht ersetzen. Smartphones und Soziale Medien vermittelten zwar das Gefühl, ständig erreichbar und in Kontakt zu sein, jedoch bringe dies auch erhebliche Nachteile und psychische Risiken mit sich. Die Teenager und jungen Leute, die Turkle befragt hat, äußerten sich dahingehend und sprachen implizit davon, wie ihre digitalen Aktivitäten enthemmte Qualitäten angenommen haben und gleichzeitig ihre Leben hemmen und einschränken würden:

> »›Facebook hat mein Leben übernommen.‹ Sie kann sich nicht abmelden. ›Also‹, sagt sie, ›ertappe ich mich dabei, dass ich mir Fotos von irgendwelchen Leuten anschaue oder auf irgendwelche Seiten gehe. Dann merke ich, dass es nur Zeitverschwendung war.‹ Eine zweite sagt, sie habe Angst, ›etwas zu verpassen‹ und könne ihr Handy nicht weglegen« (ebd., S. 242).

> »Auf Facebook sind die Dinge außer Kontrolle geraten. [...] Man muss nicht viel da online sein, aber man kann auch nicht so wenig da sein, dass das Profil total langweilig ist. Wenn man also einmal dabei ist, muss man genug tun, damit man nicht als peinlich angesehen wird« (ebd., S. 250).

> »Meine Zeit auf Facebook führt dazu, dass ich mich schmutzig fühle« (ebd., S. 252).

Turkle nimmt einen äußerst kritischen Blick auf gegenwärtige Plattformen und Technologien ein, während ihre früheren Arbeiten noch von einer positiveren Auffassung geprägt waren. Reale und physische Kontakte werden durch Soziale Medien gehemmt und nicht begünstigt; Nutzungserfahrungen von Sozialen Medien sind zuweilen von großer Anonymität, Einsamkeit oder Sinnlosigkeit geprägt. Nicht unerwähnt bleiben sollte allerdings ebenso der Umstand, dass obwohl bestimmte Menschen zu viel Zeit mit Sozialen Medien verbringen, sie dennoch auch »echte« Kontakte haben und digitale Technologien eher nutzen, um Beziehungen zu festigen und Einsamkeit zu überbrücken. In dieser Ambivalenz stellt sich damit erneut die Frage: *An wen* richten wir unsere Statusmeldungen und Posts denn eigentlich?

Soziale Medien und technische Ent/Hemmung

Matthew Flisfeder (2021) legt nahe, dass die Nutzungsweisen Sozialer Medien von einem gewollten Glauben an den Lacan'schen »großen Anderen« gekennzeichnet sind. Es ist der Andere, der meinen Genuss validieren und anerkennen soll:

> »Im Kontext der Sozialen Medien sehen wir, wie wir auftreten, nicht unbedingt für unser eigenes Selbstverständnis – wir kuratieren unsere Identitäten, nicht um unser eigenes Begehren zu befriedigen, sondern um das Begehren des Anderen in Form von Likes, Shares, Kommentaren, Followern und so weiter zu

> befriedigen. Es ist diese Ambiguität, die unserer Aktivität den Anschein gibt, und die Sozialen Medien sind die Plattform, über die heute in der Populärkultur der große Andere weiterhin wirksam ist« (ebd., S. 67).

Es sind gerade Momente der zügellosen Enthemmung, die den großen Anderen als Fantasiegebilde auf den Plan rufen sollen und in denen dieser dann das Subjekt diszipliniert und in die Schranken weist. Darum lassen sich auch gewalttätige Dynamiken wie das Trolling oder enthemmte Hassreden mit dem Begehren nach dem Anderen erklären. Soziale Medien sind somit nie bloß Plattformen, die das Teilen von Inhalten ermöglichen, sondern Plattformen, die äußerst komplexe, psychische Ent/Hemmungsprozesse mit sich bringen.

Die bisher geschilderten Dynamiken werden durch die Designfeatures und Grundcharakteristika Sozialer Medien geformt und teilweise auch erst möglich gemacht: Soziale Medien heben, sofern sie profitorientiert sind, den Begriff des Teilens hervor, um möglichst viele Inhalte generiert zu sehen, auf deren Basis Werbekunden dann personalisierte Werbung schalten können (Fuchs, 2014). Ent/Hemmung wird ebenso dynamisiert, wenn User automatisch und ihnen unbewusst in bestimmte Gruppen oder Cluster zusammengefasst werden, etwa anhand konkreter Merkmale (Chun, 2021). Plattformen entwerfen zudem immer bestimmte Regeln, an die sich User anpassen müssen: wie lang ein Tweet oder eine Videobeschreibung sein darf, welche Art von Inhalten geteilt werden dürfen, welche vorbestimmten Profilfelder ausgefüllt werden können und vieles mehr. Diese Formen der *technisch-strukturellen* Ent/Hemmung sind einerseits notwendig, um das grundlegende Funktionieren zu gewährleisten, andererseits aber auch gewalttätig, da Algorithmen etwa festlegen, was genau der User wann auf TikTok, Instagram, Twitter oder Facebook sieht, ohne dass dieser davon weiß oder es beeinflussen kann. Das öffentliche Benutzerprofil – als Kernbestandteil aller Sozialen Medien – mit seiner individualisierenden Dynamik existiert auch, damit Online-Identitäten eine »menügesteuerte« Form annehmen können (Nakamura, 2002). Online-Identitäten können damit nur auf vordefinierte Weise konstruiert werden: »Eine menügesteuerte Identität ist demnach eine Form von Stereotyp, die es erleichtert, Menschen zu kategorisieren, zu klassifizieren und zu sortieren« (Bucher, 2012, S. 482). So müssen Identitäten vordefiniert sein, damit die Plattform effektiv funktionieren kann. »Wenn die Nutzer selbst entscheiden könnten, wer und was sie über sich sagen wollen, gäbe es keine wirklich vergleichbaren oder kompatiblen Daten, die die Algorithmen verarbeiten könnten« (ebd., S. 482f.). Digitale Subjekte werden de facto auf diese Weise immer gehemmt und als abstrahierte sichtbar bzw. müssen sich selbst so inszenieren, damit sie quantifiziert, verdinglicht und überwacht werden können. In diesem Sinne sind Aufforderungen, Inhalte zu teilen oder zu kreieren, starke Euphemismen, um Verwertungs- und Überwachungslogiken zu verschleiern. Soziale Medien sind in diesem Sinne zwischen einer enthemmten *anything goes*- und einer gehemmten Moderationslogik gefangen: Sie müssen einerseits Inhalte moderieren und z. B. bestimmte Formen der Hassrede oder illegale Inhalte löschen, andererseits würden sie am liebsten sämtliche Inhalte stehen und sichtbar sein lassen, solange User die Plattformen bevölkern. Somit weisen Plattformen bestimmte strukturell-informationelle und immanente Logiken und Features auf, die auch von Hemmung und Enthemmung gekennzeichnet sind.

Wie ich im nächsten Kapitel ausführen werde, bilden dabei Hass und andere leidenschaftliche Emotionen eine wichtige Basis dieser Ent/Hemmungsstruktur. Je affektiver und leidenschaftlicher Diskurse in den Sozialen Medien ablaufen, desto besser für Konzerne und User. Soziale Medien operieren dabei oftmals – sowohl technisch als auch funktional – in paranoid-schizoider Weise: Sie lassen bestimmte Dinge zu, andere nicht. Bestimmten Inhalten wird durch Algorithmen zu mehr Sichtbarkeit verholfen, anderen nicht. User sind für Werbepartner entweder interessant oder wertlos. User sehen andere oftmals ebenfalls als Teil ihrer Gruppe und Community an oder nicht. Je mehr Widerspruch und Meinungsverschiedenheiten, desto besser – etwa wenn es um Shitstorms oder Beschämungsdynamiken geht. User *individualisieren* und *entindividualisieren* sich und andere somit oftmals, etwa wenn bei Hassreden oder Trolling anderen die Menschlichkeit abgesprochen wird. Jedoch treten Ent/Individualisierungsprozesse auch durch die Technologien der Plattformen auf – man könnte sie auch *De/Humanisierungsprozesse* nennen: Individuelle User werden fortwährend als einzigartige Individuen angesprochen und aufgefordert, Inhalte über sich zu teilen. Aus diesem Grund sind Soziale Medien so attraktiv: Sie docken an das menschliche Verlangen an, sich mitzuteilen, und vermitteln den Eindruck, man könne sich in seiner Einzigartigkeit darstellen und werde noch mit Aufmerksamkeit und Anerkennung belohnt. All dies geht oftmals schief oder findet nur unzureichend statt, wie ich in den nächsten Kapiteln darlegen werde. Matthew Flisfeder (2018) zeigt, dass Algorithmen darauf ausgelegt sind, den User stets glücklich *und* frustriert zurückzulassen:

> »Aber vielleicht ist die algorithmische Logik so aufgebaut, dass sie uns nicht das gibt, was wir zu begehren scheinen, sondern dass sie es uns ständig verweigert. Sie hat gelernt, uns eher unzufrieden zu machen, als unser Begehren zu befriedigen. Das heißt, was ist, wenn der Algorithmus lernt, uns nicht sofort das Objekt unseres Begehrens zu geben – das, was wir (glauben) zu wollen, sondern uns stattdessen daran hindert, das Objekt zu erhalten, es ständig auf Distanz hält?« (ebd., S. 473)

Aus diesen Gründen kehren Subjekte immer wieder zu den Plattformen zurück – auf der Suche nach mehr Genuss, Anerkennung und Likes. Algorithmen – und damit auch Plattformen – geben Subjekten aufgrund ihrer Ent/Hemmungslogiken immer das Gefühl, dass es noch mehr zu entdecken gibt. Und oftmals kommt es ja auch zu Glücksgefühlen und zum Austausch von wichtigen Gedanken. Gleichzeitig *entindividualisieren* Soziale Medien User, indem sie deren Daten analysieren, verwerten, verkaufen und überwachen. Dies geschieht zwar mit dem impliziten Wissen vieler, jedoch haben User keine andere Wahl, als zuzustimmen, sofern sie Teil der Plattform sein wollen. Die meisten User können die technischen Details von Algorithmen oder automatisierter Datenanalyse nicht verstehen. Plattformen binden User dadurch in einer *double bind*-Logik an sich, indem sie sie einerseits lieben und wertschätzen, andererseits als Datenobjekte benutzen, auswerten und zerstören. Diese technologischen Ent/Hemmungsdynamiken sind *pervers*, da die ausbeuterischen Verwertungslogiken von den Konzernen hinter den Sozialen Medien stets heruntergespielt werden (Johanssen, 2019, Kapitel 6; Johanssen & Krüger, 2022, Kapitel 3). Wie andere oder *bessere* Formen der Ent/Hemmung durch Technologien möglich gemacht werden können, diskutiere ich am Schluss des Buches.

4 Hass und Dynamiken der destruktiven Affirmation

Politische Diskurse und Handlungen sind in den letzten Jahren polarisierter, brutaler und enthemmter geworden. Die gegenwärtige politische Situation ist dabei nicht nur von erstarkenden Rechtspopulismen, Rassismus und Antisemitismus bestimmt, sondern auch von Kulturkämpfen, bei denen es vor allem um Gender- und Sexualitätsfragen geht (Strick, 2021; Johanssen, 2022, 2023). In diesem Zusammenhang ist auch viel davon die Rede, dass Hassreden und hasserfüllte Handlungen im Internet und darüber hinaus stark zugenommen haben. 2022 haben 78 Prozent aller Internetnutzerinnen in Deutschland Hassnachrichten und Formen digitaler Gewalt erlebt (Forsa, 2022). Hass im Netz kann sich auf unterschiedliche Arten äußern und ist nicht *per se* auf ein bestimmtes Geschlecht oder eine bestimmte Personengruppe konzentriert, zeigt sich im Netz allerdings besonders häufig gegenüber Frauen, Transmenschen oder anderen nicht-binären Subjekten, sowie als Rassismus, Faschismus oder Antisemitismus gegenüber bestimmten Gruppen. Das Internet wird oftmals als komplett anonymer Raum wahrgenommen – und gerade deshalb entlädt sich Hass dort auf so enthemmte Weise. Nutzer verstecken sich hinter Pseudonymen oder tarnen ihre Spuren mittels VPN-Software, die die IP-Adresse (mit der sich der Standort einer Person bestimmen lässt) verschleiert. Außerdem werden etwa Soziale Medien oder Foren als Orte gesehen, die Formen des Hasses und der Toxizität erlauben und begünstigen, welche jenseits des Internets verpönt und auch sanktioniert würden. So herrscht eine vermeintliche Freiheit im Netz, die auch damit zusammenhängt, dass es für Plattformen oft schwierig ist, Hass und Hetze zu moderieren und zu löschen – aber auch zu bestimmen, wo freie Meinungsäußerung beginnt und wo Hass endet. Darüber hinaus erweist sich das Internet als globales soziotechnisches System, das Strafverfolgung und Regulierung problematischer Inhalte in bestimmten Regionen oftmals erschwert. Der Psychologe John Suler (2004) hat den Begriff des *online disinhibition effects* geprägt und vertritt die Ansicht, dass sich digitale Subjekte enthemmter verhalten, da für sie bestehende Normen und Werte nicht mehr gelten bzw. einfacher ignoriert werden können (siehe auch z.B. Lapidot-Lefler & Barak, 2012; Rossini, 2022). Das vorliegende Kapitel nähert sich diesem Problem und seinen Psychodynamiken anhand verschiedener Beispiele, wobei eine psychoanalytische Sichtweise die Dinge entscheidend verkompliziert: Hass und Extremismus sind nie nur von Enthemmung und Destruktionsfantasien geprägt, sondern auch von Restriktion sowie einer perversen Bindung an den Anderen, die solche Fantasien auch immer hemmt bzw. in bestimmte Bahnen lenkt. Eine psychoanalytische Perspektive auf Faschismus und Antisemitismus offenbart außerdem, dass Extremisten den Anderen als konstantes Feindbild und inneres Objekt brauchen und sich von diesem nie komplett lösen können. Außerdem artikuliert sich Hass in unterschiedlichen Ent/Hemmungsstufen, die von relativer

Restriktion zu totaler und eskalierender Flutung des Hasses reichen. Hass ist – wie Jean-Paul Sartre (1948, S. 11) über Antisemitismus schreibt – somit immer »eine Passion und eine Konzeption der Welt«. Hass ist immer affektiv-ungezügelt und intellektuell-abstrahiert. Ich konzentriere mich auf besondere Formen des Hasses (sexualisierte Belästigung, Shitstorms, Trolling, Rassismus und Antisemitismus), die über alltägliche oder affektiv auftretende Formen des Hasses weit hinausgehen.

Dick pics zwischen Schamlosigkeit und Scham

Eine Form digitaler Gewalt und Aggression ist die sexuelle Belästigung, der sich vor allem Frauen in Sozialen Medien ausgesetzt sehen. Dabei geht es nicht darum, ungefragt Avancen gemacht zu bekommen oder sexistisch angeflirtet, sondern mit expliziter Aggression und Hassnachrichten konfrontiert zu werden, die sexuelle und vor allem *sexualisierte* Komponenten aufweisen. Diese reichen von öffentlichen Kommentaren zu E-Mails und auch oftmals privaten Nachrichten in Sozialen Medien. Frauen werden etwa aufgefordert, Nacktbilder an den männlichen Sender zu schicken, sie werden als »Schlampen« beschimpft, sie sehen sich mit detaillierten Vergewaltigungsfantasien konfrontiert, werden Opfer von »Racheopornos«, wenn gegen ihren Willen ihre Nacktfotos oder andere explizite Inhalte online gestellt werden, werden mit dem Tod bedroht – oder ihnen wird ungefragt ein sogenanntes *dick pic*, ein Bild vom Penis des Mannes geschickt. Oftmals sind all diese Beispiele kombiniert vorhanden oder treten in verschiedener Reihenfolge auf. Gerade das Zusenden eines unaufgeforderten Penisbilds hat in den letzten Jahren als Belästigungsform stark zugenommen (Ringrose & Lawrence, 2018; Paasonen, Jarrett & Light, 2019). Das Penisbild mag nicht sofort als Beispiel für Hass im Netz gelten, da es vordergründig um Voyeurismus und sexuelles Begehren gehen könnte, jedoch wird es von Frauen zurecht meist als Invasion, Belästigung, (Re-)Traumatisierung oder Angriff empfunden. Zwar sind nackte Körper im Internet allgegenwärtig und Menschen tauschen auch willentlich Nacktbilder aus, jedoch ist das unaufgeforderte Verschicken von Fotos nackter Genitalien eine besondere Form der Enthemmung.

Während zuvor die Scham eine starke Rolle spielte, was das Körpererleben der von mir Interviewten anging, scheint beim *dick pic* komplette Schamlosigkeit vorzuherrschen, verschickt der Mann doch ein intimes Bild (s)eines Geschlechtsteils (sofern er nicht eines aus dem Internet kopiert hat). Außerdem ist die Handlung in hohem Grad phallisch. Verbunden mit einer Form der Aggression fühlt der Sender des *dick pics* Befreiung und Enthemmung: Hier kann er es der Frau bzw. den Frauen mal so richtig zeigen. In diesem Zuge ist auch wichtig zu erwähnen, dass er ein Bild (s)eines *erigierten* Penis verschickt (Mandau, 2019). Dies unterstreicht die sexuelle, schamlose und aggressive Dimension. Das Verschicken solcher Bilder mutet triebhaft und grenzenlos an, ist jedoch auch geplant und kalkuliert. Es hat etwas Penetrierendes an sich, wenn – wie es Frauen mitunter scherzhaft ausdrücken – eine solche Nachricht mit Foto in ihre »DMs« (*direct messages* oder »private Nachrichten«) *geslided* ist. Da Frauen *dick pics* oft schutzlos ausgeliefert sind, kommen diese sexueller Belästigung und einer Form des Exhibitionismus gleich. Der Mann fühlt sich groß und phallisch gerade dadurch, dass er die Grenzen und Konventionen überschreitet. Er will Schamlosigkeit demonstrieren und dadurch provozieren. Er will die Frau dominieren. In einer der wenigen Studien über die Motive, *dick pics* zu versenden, schreiben Oswald und Kollegen:

> »Wir stellten fest, dass die am häufigsten angegebene Motivationskategorie für das Versenden von Genitalbildern eine transaktionale Denkweise war (d.h. motiviert durch die Hoffnung, im Gegenzug Bilder zu erhalten), während die am häufigsten gewünschte Reaktion der Empfängerinnen die der sexuellen Erregung war. Darüber hinaus stellten wir fest, dass Männer, die angaben, unaufgefordert Penisbilder verschickt zu haben, ein höheres Maß an Narzissmus aufwiesen und einen stärkeren ambivalenten und feindseligen Sexismus vertraten als die Männer, die keine Bilder verschickten« (Oswald et al., 2020, S. 597).

Ersteres trifft wohl nur dann zu, wenn sich Sender und Empfängerin kannten oder z.B. bereits Sex miteinander hatten. Das unaufgeforderte Senden an fremde Frauen hängt wohl eher mit Sexismus und Misogynie zusammen. Der Mann weiß ja, dass die Frau keineswegs ihrerseits mit einem Bild ihrer Genitalien reagieren wird. Er will in ihr Ekel, Angst oder Unsicherheit auslösen. In seinen Augen ist es gerade die Schamlosigkeit, die ihm ein Gefühl von Macht und Überlegenheit beschert. Die Schamlosigkeit hängt auch mit einer Form des sadistischen Exhibitionismus zusammen, die über rein sexuellen Exhibitionismus und die Freude daran, zu sehen und gesehen zu werden, hinausgeht.

Noch wichtiger erscheint mir aber der phallische Charakter des *dick pics*: Der Mann schickt ein Bild seines Penis und mitunter vielleicht noch von Teilen des Oberkörpers oder Torsos. Er, wie schon so viele andere Männer vor ihm, verwechselt sowohl den Penis mit dem Phallus und denkt auch, er könne den Phallus überhaupt besitzen. Nach Lacan und der Psychoanalyse im Allgemeinen besteht ein bestimmtes Verhältnis zwischen Penis und Phallus, jedoch ist dies nicht synonym. Der Phallus symbolisiert männliche Potenz, Macht und Dominanz, sowohl als Fantasie als auch real im Alltag. Er hat seinen Ursprung im Ödipuskomplex und im Patriarchat: Männlichkeit wird mit männlicher Genitalität und mit Macht gleichgesetzt und umgekehrt. Der »Penis als ein Signifikant phallischer Macht ist ein kollektiver Fetisch« (Ruti, 2018, S. xi). In der Logik des Patriarchats ist es gerade der Penis, der für »männliche Autonomie steht« (Brunner, 2019, S. 26). Der Penis

> »wird als das Differenzmerkmal gegenüber der Mutter und den Frauen allgemein in Szene gesetzt, über den Penis hebt sich der Junge gegenüber der weiblichen Welt ab, um ihn herum wird Lusterleben zentriert und er wird narzisstisch mit Größenphantasien besetzt zum Phallus« (ebd.).

Im Laufe (heteronormativer) männlicher Entwicklung wird somit Männlichkeit und männliche Lust phallisch und peniszentriert. Gleichzeitig entzieht sich der Penis oftmals bewusster Kontrolle, vor allem wenn es um Sexualität geht, etwa wenn »er« nicht (kommen) kann, nicht »hart« genug ist usw. »Der Penis regt sich unwillkürlich, kann aber auch im entscheidenden Moment versagen« (ebd., S. 27). Selbst in der sexuellen Verschmelzung mit einer anderen Person lauert noch die Kastrationsangst.

Der Phallus ist als Konzept kontrovers in und außerhalb der Psychoanalyse diskutiert worden (Mitchell, 1974; Irigaray, 1985, 1993; Benjamin, 1988; Butler, 1990, 1993; Kristeva, 1982, 1998). Es ist sicher wichtig, es kritisch zu hinterfragen, aber auch anzuerkennen, dass der Phallus in Realität und Fantasie als Machtinstrument und Machtsymbol existiert. Nach Lacan ist der Phallus immer eine Illusion, und Subjekte müssen die symbolische Kastration akzeptieren und daher auch einsehen, dass sie den Phallus nicht besitzen. Gleichzeitig hat der – wie es Lacan nennt – »symbolische Phallus« eine wirkliche Macht inne, die mit dem Penis an sich nichts zu tun hat, sondern sexuelle Differenz an sich strukturiert (Lacan, 1986, 2002). Ähnlich wie der Troll, den ich später in diesem Kapitel diskutiere, wehrt sich der Absender des *dick pics* gegen die symbolische Kastration und hält an der imaginären Illusion des Phallus fest – setzt diesen noch mit seinem Penis gleich. Die Frau muss diesen sehen, ob sie will oder nicht. Sie ist seiner Macht ausgesetzt. Er, der sich kastriert fühlt, will sie im Gegenzug kastrieren und (unbewussten und unstrukturierten) Hass entladen. Penisbilder offenbaren somit sowohl Gewalt als auch heterosexuelles Begehren seitens des Mannes. Sie sind Äußerungen grandioser männlicher Allmachtsfantasien, die natürlich eine Lächerlichkeit und gewisse Tragik offenbaren.

Man könnte diese Bilder auch als kindliche Akte des Exhibitionismus und des »Gesehen-Werdens« begreifen.

> »Der Junge empfindet sowohl Freude als auch Stolz hinsichtlich seiner Genitalien und das, was sie tun können. Der Penis,

> *sein einziges Ding*, wird daher zu einem wichtigen Mittelpunkt seiner Aufmerksamkeit, den es zu erforschen und zu bewachen gilt« (Allen, 1974, S. 30).

Das *dick pic* ist jedoch nicht nur Ausdruck von Aggression, Schamlosigkeit und kindlichem Exhibitionismus, sondern auch von Unsicherheit: »Den Penis (oder eines seiner Surrogate) zu zeigen heißt zu sagen: ›Ich habe keine Angst vor dir. Ich trotze dir. Ich habe einen Penis‹« (Freud, 1922, S. 274). Kastrationsangst und Unsicherheit werden somit abgewehrt. »Sein offensichtlicher Narzissmus ist ein primitiver Versuch, die verlorene Liebe zu reparieren. Er hat nicht nur das Liebesobjekt verloren, sondern auch die komfortable, selbstbewusste Selbstliebe verloren oder nie erlangt« (Allen, 1974, S. 36). Daher geht es bei unaufgeforderten Penisbildern nicht nur um Narzissmus, wie die wissenschaftliche Literatur oft meint, sondern auch um Verletzlichkeit. So sagt etwa ein Mann, der solche Bilder ungefragt verschickt hat, in einem Interview mit dem *Stern*:

> »Ich wollte mich verletzlich zeigen und öffnen. Der nackte Penis ist eigentlich ein sehr zartes, für sich genommen auch kümmerliches Organ. Ich wollte durch das Versenden von einem so intimen Bild eine Verbindung herstellen zu der Frau, der ich es schickte. Diesen Wunsch nach Nähe, Gemeinsamkeit und erotischer Intimität habe ich aber oft als Schwäche wahrgenommen. Frauen haben mir auch gesagt, ich sei ›needy‹, also abhängig und bedürftig. Das wollte ich nicht. Und deshalb habe ich meine Angst hinter einem Dick Pic versteckt. Damit war das Bild gleichzeitig der Versuch, verletzlich zu sein, als auch der Wunsch, das zu verstecken. Ziemlich irrational« (Luck, 2022).

Die Psychoanalyse zeigt, dass dies gar nicht so irrational ist. Es mag sicherlich auch viele Männer geben, die ein Bild ihres Penis versenden, weil diese Form des *cyber flashing* (McGlyn & Johnson, 2021) oder digitalen Exhibitionismus sie sexuell erregt. Nach der Psychoanalyse geht dem Exhibitionismus, der der sexuellen Befriedigung dient, oft ein intensives Gefühl der Leere und Machtlosigkeit seitens des Exhibitionisten voraus. Diese können auch mit Kindheitstraumata zusammenhängen. Die Gefühle werden durch den exhibitionistischen Akt in andere projiziert und dadurch auch ausagiert. Somit wird der Exhibitionist von Gefühlen innerer Leere abgelenkt und erlangt sexuelle Gratifikation gerade durch den Schock, den Ekel oder die Angst seines Gegenübers.

Außerdem geht es in diesem Fall auch um Scham und Hemmung, wie das obige Zitat zeigt. Es ist wohl kein Zufall, dass die »Scham« im Deutschen sowohl den Schambereich, die Genitalien, als auch das Gefühl bezeichnet. Der Mann sendet eben, anders als beim herkömmlichen, nicht-digitalen Exhibitionismus, kein Bild seines ganzen (nackten) Körpers, sondern bleibt relativ anonym. Dies mag vordergründig so sein, damit er nicht erkannt wird, wenn er Penisbilder verschickt, aber selbst, wenn er mittels Klarnamen tätig wird, sind die Bilder die gleichen. Indem er kein Bild von seinem ganzen Körper und vor allem nicht von seinem Gesicht verschickt, wehrt er Verletzlichkeit und Unsicherheit ab. Er ist beschämt und gehemmt, diese anderen Aspekte seiner Maskulinität darzustellen. Es ist umso tragischer und gewalttätiger, dass er folglich in so phallischer Weise agiert.

Beschämung in Sozialen Medien

Scham spielt auch auf andere Weise eine große Rolle und ist oft an Hass gekoppelt – gerade wenn es um Akte der öffentlichen Beschämung bzw. des *public shaming* geht. Diese gehen oft mit dem vielzitierten »Shitstorm« einher. Der Medienforscher Steffen Krüger (2024, i. E.) legt ausführlich dar, wie Shitstorms auf Twitter psychodynamisch ablaufen. Ein Shitstorm ist eine Massenempörungskampagne, die oftmals auf (vermeintlich) skandalöse, problematische, verletzende oder provokative Posts Einzelner in den Sozialen Medien folgt. Wichtig hierbei ist, dass sich eine Masse an Leuten oftmals gegen eine einzelne Person wendet und diese kritisiert oder öffentlich anprangert. Es gibt nicht *den* einzelnen Shitstorm. Shitstorms entstehen gleichsam als Antwort auf z. B. rassistische Tweets oder vonseiten rechter Internetnutzer gegenüber angeblichen linken *social justice warriors*, die etwa bestimmte Forderungen stellen. Dennoch muss man zwischen verschiedenen Typen von Shitstorms unterscheiden und es sind keinesfalls alle gleich. Shitstorms sind nicht nur virale Empörungskampagnen, sondern können auch mit *doxxing* (wobei private Informationen wie die Adresse veröffentlicht werden), Todesdrohungen oder realer Gewalt einhergehen. So wurde etwa die Adresse der deutschen *woman of colour* Comedy-Autorin und Aktivistin Jasmina Kuhnke von rechtsradikalen Usern veröffentlicht und sie selbst mit dem Tod bedroht. Ihre Familie musste daraufhin umziehen. Die Polizei schützte sie nicht, da angeblich keine Bedrohung erkennbar gewesen sei. Kuhnke, die über 137.000 Follower auf Twitter hat, nutzt ihre Reichweite regelmäßig, um Rassismus anzuprangern.

Nach Krüger stehen Shitstorms in besonderer Beziehung zum Witz (und auch zu Verführungsdynamiken in der Masse) und zum ironischen Grundton, der auf Twitter stark vorherrschend ist. Ziel des Shitstorms ist es, die Zielperson in einer grenzenlosen Enthemmungswelle aggressiv zu »überwältigen« und – wie ich meine – zu *beschämen*. Diese Dynamiken werden jedoch im Shitstorm selbst oft negiert und das moralische Element wird hervorgehoben. Shitstorms sind besonders häufig auf Twitter zu beobachten, da die Techniken des Retweetens (einen anderen Tweet zu teilen) und des *quote tweets* (einen anderen Tweet mit eigenem Kommentar zu teilen) im Besonderen virale Dynamiken der schnellen Verbreitung und Empörung ermöglichen. Nach Krüger kommt es häufig zu Shitstorms aufgrund moralischer Motivationen, etwa wenn ein als witzig gemeinter Tweet »daneben geht«. So postete 2013 etwa die US-Amerikanerin Justine Sacco: »Going to Africa. Hope I don't get AIDS. Just kidding. I'm white!« Der Tweet war als Witz und – so Sacco später – auch als kritische Thematisierung der AIDS-Problematik in Afrika gemeint (Löchel, 2019, S. 38; Krüger, 2024, i. E.). Es ist wohl wenig überraschend, dass er anders aufgefasst wurde und viele Menschen mit Empörung reagierten. Sacco verlor daraufhin ihren Job und ihr Haus, da sie ihren Bankkredit nicht mehr bezahlen konnte.

Shitstorms haben im Zeitalter der Kulturkämpfe zwischen Linken, Rechten und Liberalen stark zugenommen. Gerade Twitter ist außerdem durch Echokammern und Filterblasen strukturiert (Bruns, 2019; Chun, 2018, 2021) und verstärkt die Sichtbarkeit von Inhalten, die besonders extrem und an bestimmte Gruppen gerichtet sind. So ist die Plattform designtechnisch so strukturiert, dass man zwar theoretisch alle Inhalte sehen kann, die Nutzer allerdings eher Accounts folgen, die ihre eigenen Vorlieben oder ihre politische Identität widerspiegeln; ihnen werden algorithmisch eher Inhalte empfohlen, die sie angeblich auch sehen wollen. So sind Shitstorms auch immer Signale an die »eigene« Community: »Seht her, ich tue das richtige und rege mich über das ›korrekte‹ Thema auf!« Es ist wichtig, erneut zu betonen, dass es unterschiedliche Shitstorms gibt und ein von Rechtsextremisten losgetretener Shitstorm nicht der gleiche ist wie einer, der sich gegen sexistische oder rassistische Äußerungen richtet. Dennoch geht es oftmals um Moral und den starken Glauben daran, im Recht zu sein, weshalb es eben nur folgerichtig sei, einen Shitstorm auszulösen. Bei jedwedem Shitstorm geht es dazu immer um eine perverse Freude, es der anderen Person mal so richtig zu zeigen. Diese Dynamiken werden durch die Masse an Usern noch verstärkt und oftmals durch Accounts mit besonderer Reichweite multipliziert. Es sind oft bekannte Personen auf Twitter, die einen Shitstorm anheizen oder beginnen – und dann fallen unter ihren Followern alle Hemmungen.

Als zentrales Element des Shitstorms tritt die Beschämung in den Vordergrund. Es sind gerade Beschämungsdynamiken, die andere User hemmen und auch verletzen sollen. Hierbei ist sekundär, ob der Shitstorm nun moralisch »richtig« oder »falsch« ist; es geht darum, User zum Schweigen zu bringen bzw. zur Einsicht zu drängen, dass jene falsch gehandelt haben. Durch den Prozess der Beschämung soll ein Gefühl der Unterlegenheit gegenüber anderen eintreten. Scham ist ein starkes Gefühl, das auch als Ergebnis von Machtverhältnissen entsteht. Es ist relational, affektiv und wird oft gesehen und miterlebt, etwa wenn das Subjekt errötet oder einen Schweißausbruch hat. Wenn das Individuum etwas als beschämend empfindet, gerät es in Konflikt mit seinem eigenen Selbst, stellt dies infrage und betrachtet andere als überlegen. Scham beinhaltet ein affektives Urteil, das sich auf Beschämte überträgt. Nach Elspeth Probyn (2004) ist Scham ein körperliches Gefühl, fehl am Platz zu sein und nicht dazuzugehören. Scham ist sowohl eine individuelle als auch eine relationale und soziale Erfahrung. Auf einer grundlegenden Ebene hat es mit unserer Sehnsucht nach Kommunikation, Berührung und Gemeinsamkeit zu tun. Scham in seiner Erfahrung bezieht sich auf eine Entblößung meiner selbst vor einem (realen oder eingebildeten) anderen. Wenn ich beschämt werde, werde ich in meiner Gesamtheit als Subjekt mit Scham gleichgesetzt.

Sidney Levin (1971) zeigt, dass die häufigsten Faktoren, die Scham auslösen, Kritik, Spott, Verachtung oder Verlassenwerden durch andere sind. »Ziel von übermäßiger öffentlicher Aufmerksamkeit, des Spottes, des ungünstigen Vergleichs mit dem, was von der Person erwartet wurde, zu werden, kann intensive Gefühle der Scham auslösen […]« (Rizzuto, 1991, S. 299). Nach Edith Jacobson (1964) ruft Scham Reaktionen hervor, »wenn der Verlust der Triebkontrolle, körperliche Defekte (Kastration) und Misserfolge vor anderen bloßgestellt werden« (1964, S. 43f.). Dies setzt voraus, dass sich im Bewusstsein des Kindes eine Idee von Selbstbewusstsein entwickelt hat, was in der Regel im zweiten Lebensjahr geschieht. Frühe Schamerfahrungen sind daher oft mit Inkompetenz verbunden, mit der Vorstellung, den eigenen Körper oder eine Situation nicht beherrschen zu können. Scham »stört das stille automatische Funktionieren des Selbstgefühls« (Broucek,

1982, S. 371). Scham kann somit im Zusammenhang mit Narzissmus gesehen werden und bezeichnet ein Versagen, den eigenen Vorstellungen von sich selbst gerecht zu werden.

Elfriede Löchel (2019) wirft einen psychoanalytischen Blick auf Beschämungsdynamiken in Sozialen Medien: Scham ist erst einmal nicht etwas, das es um jeden Preis zu vermeiden gilt, sondern stellt eine elementare Funktion dessen dar, was es heißt, ein Individuum zu sein. Die Psychoanalyse weist darauf hin, dass es immer eine Spannung gibt zwischen Ich und Ich-Ideal, dem was ich bin und wie ich mich sehe bzw. was ich sein möchte. Dies wird durch die Scham noch verstärkt.

> »Der Unterschied zwischen traditionellen Beschämungsakten und solchen im Netz ist offensichtlich: die Enthemmung aufseiten der Täter, die ihr Gegenüber nicht sehen und selbst den Schutz der Anonymität genießen, die Entgrenzung des Wirkungsbereichs und die Permanenz der Vorgänge im Netz, die schwer zu löschen sind« (ebd., S. 38).

Nach Löchel ist es symptomatisch für die Gegenwart, dass potenziell jeder Opfer eines Shitstorms oder von digitaler Beschämung werden kann. Dies ist als Form der Angst auch sehr verbreitet. Grundsätzlich hängt es dabei weniger mit Fragen der Meinungsfreiheit oder »Cancel Culture« zusammen, sondern eher mit einer *grundlegenden* Verletzlichkeit der Subjekte und der Angst, keine Anerkennung von anderen zu erfahren (siehe auch King, 2016). Diese Ängste sind bei Jugendlichen noch stärker vorhanden, da sich diese in der körperlichen Entwicklung befinden (ebd.; Löchel, 2019).

Die Empörungs- und Beschämungswellen, die einen Shitstorm begleiten, rekurrieren nach Löchel auch immer auf die »Durchsetzung sozialer Normen, deren Herkunft und Begründung jedoch selten ausgewiesen sind und deren Einhaltung häufig nicht einmal der Kontrolle der Beschämten unterliegt« (ebd., S. 39). Es sind gerade angebliche Normverstöße und Enthemmungen, die von der Masse gehemmt und bestraft werden. Jedoch ist oftmals nicht klar, woher die Masse bestimmte moralische Vorstellungen hernimmt, außer dass diese von spezifischen Gruppen akzeptiert werden. Dies gilt sowohl für Shitstorms aus dem rechten wie aus dem linken Lager. Allerdings sind Shitstorms aus dem rechten Lager meiner Ansicht nach erheblich gravierender, da sie oft mit Todesdrohungen oder anderen expliziten Bedrohungen einhergehen.

Um die umrissenen Aspekte besser illustrieren zu können, sei im Folgenden ein konkreter Shitstorm beispielhaft dargestellt: Im Juni 2022 wird die Autorin Sarah Kuttner gemeinsam mit Kathrin Bauerfeind im Podcast »Hotel Matze« von Matze Hielscher interviewt. Auf die Frage hin, ob man in humoristischen Kontexten und auch generell bestimmte Worte noch sagen dürfe, äußert sich Kuttner wie folgt:

> »Ich finde generell, dass man jedes Wort auf der Welt sagen sollen dürfte. Muss man natürlich aufpassen, nicht aktiv Leute zu verletzen und so, aber alleine sowas wie das N-Wort. Ich finde es super schwierig, dass keiner mehr, ich weiß jetzt noch nicht mal ob ich es jetzt gerade sagen darf oder nicht. *In 'nem Podcast mit Jochen Schropp hab ich's gesagt, als Zitat und da wurde schon gesagt: ›Das darf man nicht mehr sagen‹. Und dann werde ich ein bisschen unentspannt und denke: Na ja, es sind Worte. Ich finde man darf erstmal jedes Wort sagen, dann ist die Frage, in*

> *welchem Zusammenhang, und sorry beim N-Wort weiß sofort jeder im Kopf steht da ganz groß. Bei jedem im Kopf steht in Leuchtschrift: ›[An dieser Stelle spricht sie das N-Wort vollständig aus; J.J.]‹. Das N-Wort macht's doch überhaupt nicht weniger. Aber das ist der Punkt, dass frag ich mich wirklich, ist das per Grundgesetz verboten?* Und das führt auch zu weit. Ich komm' lieber zurück zu diesem Humording aber ich finde davon lebt eben auch Humor, unbequeme Sachen hochzupulen und irgendwie so zu benennen und so« (Kuttner, 2022, 53:31–54:36; Hervorhebung J.J.).

Kathrin Bauerfeind entgegnet daraufhin, dass man das Wort heute so nicht mehr verwendet, da sich viele Leute davon verletzt oder diskriminiert fühlen. Daraufhin antwortet Kuttner:

> »Ich finde das schwierig, der Unterschied zwischen Zitat und nicht. Es ist ein Wort, das existiert und das für was Furchtbares steht, und ich verstehe komplett, dass wir das deshalb nicht mehr sagen, um Leuten nicht wehzutun […]. Ich benutze es auch nicht, das Wort. Finde es aber dennoch merkwürdig, dass es dann trotzdem noch das N-Wort gibt. Das N-Wort sagt genau das gleiche!« (ebd., 55:11–55:37)

Kuttner wird in der Folge heftig kritisiert, der obige kursiv markierte Ausschnitt in den sozialen Netzwerken als »Soundschnipsel« geteilt, und viele kritisieren, dass es Kuttner als weiße Person nicht zustünde, über (historisch) abwertende Begriffe für *People of Color* Urteile zu fällen. Es kommt zum Shitstorm. Kuttner ist sicherlich keine Rassistin. Allerdings war sie bereits 2012 kritisiert worden, als sie in ihrem Buch *Wachstumsschmerz* den (vollständig ausgeschriebenen) Begriff »N-Puppe« verwendet hatte, allerdings um das Aussehen einer Puppe kritisch als stereotyp-rassistisch zu beschreiben. Kuttner äußerte sich auch befremdet darüber, dass dieser Begriff in ihrer Kindheit üblich war (Brenner, 2012). Nachdem Kuttner u. a. von Jasmina Kuhnke angegriffen wird, veröffentlicht sie ein Video, in dem sie sich entschuldigt. Jedoch wiederholt sie auch, dass sie es wichtig fände, darüber zu reden, inwieweit man solche Worte benutzen dürfe oder nicht. Kritiker entgegnen ihr, dass schon diese Diskussion über das N-Wort verletzend oder diskriminierend sei. Es ist erkennbar, dass sich Kuttner schämt, was passiert ist, wodurch der Shitstorm seinen Zweck offenbar erfüllt. Allerdings bleiben doch Fragen, die auch die Dynamiken des Shitstorms an sich berühren: Ist wirklich eine Veränderung eingetreten? War der Shitstorm das richtige Mittel, Kritik zu üben? Der kursiv markierte Teil im obigen Zitat wird zu einem bestimmten Zeitpunkt aus der »Hotel Matze«-Folge gelöscht, gewissermaßen zensiert. Es gibt keine richtige Diskussion zwischen Kuttner und ihren Kritikern, lediglich Posts werden ausgetauscht. Dennoch mag dieser Shitstorm moralisch als »richtig« oder »erwartbar« gesehen werden. Es ist komplizierter und problematischer, wenn es um Shitstorms geht, die puren Hass, Aggressionen oder Todesdrohungen verbreiten – und auch, wenn es um das sogenannte »Trolling« geht.

Trolling und der Wunsch nach Bestrafung

»Trolling« bezeichnet das bewusste Provozieren, Reizen und Verletzen anderer Internetuser, indem diese aktiv in Scheindiskussionen oder den sinnlosen Austausch von Argumenten oder emotionalisierenden Narrativen verstrickt werden. Das Ziel dabei ist, dass sie sich aufregen, verletzt fühlen oder schockiert sind. Trolling äußert sich auch oft in Aktionen jenseits des Internets, etwa wenn Menschen eine Vielzahl von Waren geliefert bekommen, die sie nicht bestellt haben, ihnen die Polizei auf den Hals gehetzt wird oder andere »Späße« getrieben werden. Das Phänomen Trolling hat massiv zugenommen und findet sich überall in den Sozialen Medien. Für den Troll ist alles nur ein lustiges Spiel, er scheint oberflächlich Spaß und Genuss an seinen Aktivitäten zu empfinden. Im Kontext einer kompletten Enthemmungsstufe leugnet der Troll die Realität, jedwede gesellschaftlichen Normen und Werte – und erschafft eine eigene Welt. Eines der bekanntesten deutschen Opfer des Trolling ist der YouTuber Rainer Winkler, auch als »Drachenlord« bekannt (Johanssen & Krüger, 2022, S. 153f., 248–250). Winkler, der teilweise selbst provozierende YouTube-Videos veröffentlicht hat, befindet sich in einem endlos scheinenden Katz-und-Maus-Spiel mit Trollen, die ihn fortlaufend provozieren und durch Deutschland jagen. Nachdem Winkler sein Haus im bayrischen Altschauerberg verkauft hat, reist er nun quer durch Deutschland und schläft oft in Hotels. Die Angriffe der »Hater« – wie sie sich auch nennen – enden allerdings nicht. Sie versuchen Winklers Aufenthaltsort herauszubekommen, um ihn zu schikanieren, zu provozieren oder anzugreifen. Aus diesem Grund hat Winkler in zahlreichen Hotels Hausverbot, zu groß ist das Risiko für Hotelbetreiber, dass massenhaft Pizzen geliefert werden, die Feuerwehr alarmiert wird oder die Polizei wieder ausrücken muss. Kritiker werfen Winkler, vor das »Drachengame« selbst immer weiter anzuheizen und weiter »mitzuspielen«, indem er fortwährend auf die Hater reagiert und neue Videos postet (Hoppenstedt, 2022). Winkler selbst spricht von einer »parasitären« Beziehung zu seinen Anti-Fans; sie würden ihn auch verfolgen, wenn er sich komplett aus dem Internet zurückziehen würde. Der Staat oder die Plattformen helfen Winkler dabei nicht. Wie auch in anderen Fällen fühlt er sich im Stich gelassen.

> »Eine Datenauswertung des SPIEGEL zeigt, dass in den größten Gruppen und Foren zum Drachenlord innerhalb von zwei Oktoberwochen rund 58.000 neue Beiträge gepostet wurden. Das sind im Schnitt fast 3.900 pro Tag. Einem Hater-Kanal auf der Plattform Telegram folgen rund 45.000 Menschen, eine Gruppe, in der es nur darum geht, seinen Standort zu ermitteln, hat rund 7.000 Mitglieder« (Hoppenstedt, 2022).

Die Charakterisierung der Trollaktivitäten als »Spiel«, als »Drachengame«, ist besonders perfide und zeugt von einer schamlosen Kaltblütigkeit. Jedoch ist sie symptomatisch für das Trolling an sich und psychoanalytisch besonders interessant: Trolling mutet fast schon psychotisch an, da der Troll eine neue symbolische Realität erschafft und diese anderen Usern überstülpt. Sobald diese auf den Troll reagieren, werden sie Teil des Spiels. Daher lautet auch der erste Rat im Internet, wenn man sich Trolling ausgesetzt sieht: »Don't feed the troll«, nur nicht drauf eingehen. Für sein perverses Spiel benötigt der Troll sowohl Opfer als auch Gleichgesinnte, die die Aktionen beobachten. Bei Trolling geht es immer auch um Sprache und wie mittels Sprache und Symbolik bestimmte Personen oder Gruppen gehemmt werden, indem sie sich mit kompletter Enthemmung konfrontiert sehen. Dies wird vor allem sichtbar im Zuge von Verschwörungsnarrativen, etwa vonseiten der QAnon-Bewegung, oder in Anti-Trans-Mythen, die von rechten Gruppen verbreitet werden. Ganz gleich, was Trolle genau tun, sie stellen etwas theatralisch dar. Für den Troll geht es vordergründig nur um Spaß, um ungehemmte *jouissance*. Jedoch ist die Situation komplexer. Wenn sich der Troll mit Aspekten konfrontiert sieht, die er nicht einordnen kann, die seinem Weltbild zuwiderlaufen, reagiert er mit Abwehr. Trolling ist nichts anderes als die Abwehr symbolischer Kastration. Die neue Realität und symbolische Ordnung, die erschaffen werden, sollen für sich sprechen und automatisch alles andere negieren. Es ist die Wahrheit des Trolls, die von der Zerstörung bewahrt werden muss. Ein neuer großer Anderer muss erschaffen werden. Dies sehen wir vor allem dann, wenn es um queerfeindliche, sexistische oder rassistische Aktionen geht (Rambatan & Johanssen, 2021, S. 42–47).

Bei den Attacken auf Winkler geht es eher um perverse und sadistische Züge als um psychotische. Jedoch sind beide Dynamiken vorhanden. Seine Hater verspüren vor allem eine kollektive Macht, die ihre eigene Kastration und Öde des Lebens verdeckt – Schulhofmobbing tausendfach potenziert und für immer im Netz verewigt. Darüber hinaus zeigt sich auch, dass Trolling zudem sehr kreative Züge besitzt (Johanssen & Krüger, 2022). Der Troll erfindet eine neue Welt mit neuartigen Symbolen, Ansichten, Ideologien und Begriffen. Es ist die Verbindung von destruktiver Kreativität *und* Spaß und Spiel, die es dem Troll ermöglicht, sich von seinen Handlungen zu distanzieren und jegliche Gedanken über tragische Konsequenzen abzuwehren. Auf der anderen Seite wird natürlich keine neue symbolische Ordnung geschaffen, da ja nur die Trolle untereinander und niemand sonst ihre Logik teilen. Sie kreieren deshalb keine neue Realität oder Weltordnung jenseits des Internets. In diesem Sinne wissen die Trolle sehr wohl ganz genau um ihre symbolische Kastration und Machtlosigkeit, auch um die Machtlosigkeit Sozialer Medien insgesamt. Dieses Wissen bringt ihnen eine weitere Form des Genusses. Beim Trolling geht es somit unter der Oberfläche um etwas ganz anderes: Trolle provozieren andere und die Welt insgesamt zu einer Reaktion. Sie offenbaren damit kindische Muster, zumal sie ständig rebellieren und Grenzen austesten, weil ihnen diese Grenzen eben nicht (ausreichend) aufgezeigt werden. Der Troll will sehnlichst gesehen und bestraft werden und wünscht sich eine Autorität. Dieser Teil der Ichfunktion ist gehemmt oder bleibt vielleicht auch unbewusst. Er kann nicht artikuliert werden und wird stattdessen in ein destruktiv-kreatives Spiel transformiert. Somit ist Trolling – ganz gleich welcher Art – auch immer höchst neurotisch im Lacan'schen Sinne, da der Mangel im anderen aufrechterhalten und der eigene Mangel negiert wird. Diese Dynamiken kommen auch den skizzierten Formen der Peinlichkeit sehr nahe und werden durch das Trolling abgewehrt. Winkler hat durchaus Recht, wenn er seine Beziehung zu den Trollen als »parasitär« bezeichnet. Es sind vor allem sie, die ihn brauchen, um eigene Unsicherheiten abzuwehren, auch wenn dies nicht den Anschein haben mag und sie ihn augenscheinlich zerstören oder »besiegen« wollen – wie sie es nennen.

Alte und neue Tabus

Der Populismus und die problematischen Positionen des ehemaligen SPD-Politikers Thilo Sarrazin sind vielerorts debattiert worden. Im Rahmen einer seiner Positionen beklagt er, dass in Deutschland ein »Tugendterror« (Sarrazin, 2014) herrsche und man bestimmte Dinge nicht mehr sagen dürfe. Dies ist eine Position, die vor allem aus dem rechten Lager immer wieder geäußert wird und auch in Debatten zur »Cancel Culture« sichtbar wird. Die Meinungs- und Debattenkultur sei gehemmt – und dies müsse sich ändern. Sarrazins Thesen bilden gewissermaßen die Kehrseite der Beschämungsdynamiken, die ich oben diskutiert habe.

> »Die meisten Menschen wollen gerne im Konsens leben. Sie spüren den von dieser informellen Meinungskontrolle ausgehenden Druck und beugen sich ihm auch zu einem gewissen Grad. So kann es immer wieder geschehen, dass die gesellschaftliche Diskussion und insbesondere die veröffentlichte Meinung Fragestellungen verkürzen und einschränken bzw. bestimmte Fragen und mit ihnen verbundene Antworten unter ein Tabu stellen« (ebd., S. 12).

Politik, Medien und »politische Korrektheit« würden eine ehrliche Debattenkultur hemmen. Wäre dem wirklich so, hätte Sarrazin nie einen Verlag für sein Buch gefunden, gäbe es nicht weiterhin konservative und rechte Medienhäuser, Internetseiten oder Persönlichkeiten in den Sozialen Medien. Man könnte als problematisch erachten, was Sarrazin unter Berufung auf Bernhard Pörksen »Tugendterror« nennt, jedoch sind seine Schlussfolgerungen in Bezug auf eine eingeschränkte oder nicht vorhandene Meinungsfreiheit stark übertrieben, wenngleich viele Menschen dieses Gefühl teilen.

Sarrazin bezieht sich in seinem Buch auch auf Freuds *Totem und Tabu* (1913). Im Freud'schen Verständnis geht von Tabus ein besonderer Reiz aus, der sie sowohl verboten als auch unbewusst begehrenswert macht. »Sie sind irgend einmal aufgetreten und müssen nun infolge einer unbezwingbaren Angst gehalten werden« (ebd., S. 25). Tabus dienen somit auch der (vermeintlichen) sozialen Kohäsion und stehen in Verbindung zu Sublimierung und Riten. Ausgehend von diesen Diskussionen behauptet Sarrazin nun, dass viele Thesen seines Buches *Deutschland schafft sich ab* (2010) Tabus gebrochen hätten. Sie hätten angeblich wichtige Diskussionen angestoßen, die aber auch immer wieder im Keim erstickt würden:

> »Umgekehrt gilt, dass es eine gern geübte Praxis ist, sachlich unwillkommene Fragestellungen oder Schlussfolgerungen dadurch zu tabuisieren, dass man sie unter einem Oberbegriff subsumiert, der seinerseits ein Tabu anspricht. Das geschieht z.B. regelmäßig mit dem Vorwurf des Rassismus. Dieser wird auf immer unsinnigere Weise ausgedehnt, um damit letztlich alle Fragen und Untersuchungen zu gruppenbezogenen Unterschieden von Menschen für illegitim und unmoralisch zu erklären« (Sarrazin, 2014, S. 132).

An dieser Stelle ist es notwendig, Sarrazins schwammige und widersprüchliche Diskussion des Tabubegriffs kritisch zu diskutieren. Freuds Tabubegriff bezieht sich auf andere Phänomene als Sarrazins. Das Inzesttabu ist eines der wichtigsten nach Freud, da es eine Gesellschaft erschafft, die auf Verbot basiert. Sarrazin diskutiert Tabus im modernen Sinne, die gebrochen werden können und vielleicht von einem Shitstorm begleitet werden. Freud diskutiert Tabus als elementare Pfeiler zivilisatorischen Zusammenlebens:

> »Das Inzestverbot schafft gesellschaftlichen Zusammenhalt, indem es das Interesse der Menschen von dem, was ihnen am nächsten steht (der Familie), weg und auf die soziale Organisation selbst lenkt. Das hat beispielsweise zur Folge, dass das Subjekt nicht mehr die Mutter begehren kann, sondern jemanden aus einer anderen Familie, aus der sozialen Ordnung insgesamt, begehren muss. Diese Verlagerung des Interesses weg von der Familie und auf die Gesellschaft als Ganzes ist die wichtigste Funktion des Inzestverbots. Ohne diese Umlenkung des Interesses gäbe es nichts, was das Kind aus der Familie, aus der Sorge um seine unmittelbare Umgebung, herausführen würde« (McGowan, 2003, S. 12).

Genuss wird somit verlagert und in sozial erwünschte Bahnen gelenkt. So entsteht eine Gesellschaft, die sowohl von fundamentalen Verboten als auch von bestimmten Geboten zu genießen geprägt ist. Diese fundamentalen Ur-Tabus, man könnte sie auch »Grundhemmungen« nennen, werden eben *nicht* gebrochen. Hier zeigt sich, dass Sarrazin Freud nicht verstanden hat.[1] Lacan zeigt, dass es gerade bestimmte Verbote und Tabus sind, die Gesellschaften zusammenhalten und

1 Natürlich sind Gesellschaften immer im Wandel begriffen, und bestimmte Dinge sind heute nicht mehr tabuisiert, die zu Freuds Zeiten tabu waren. An den Grundzügen bestimmter Ur-Tabus hat sich jedoch nichts geändert. Ich gehe auf den Themenbereich von Tabu und Sexualität, der ja bei Freud eine wichtige Rolle spielte, im nächsten Kapitel näher ein.

Menschen immer nach neuen Formen des Genusses streben lassen. Sarrazin sieht sich als Retter der Meinungsfreiheit bzw. Diskurskultur und will diese durch bewusste Provokationen und das Brechen von Tabus wiederherstellen. Was er »Tabuisierung« nennt, hat mit Freud wenig zu tun, sondern könnte eher »Zensur« genannt werden. Gleichzeitig scheint er gekränkt und fühlt sich permanent missverstanden, wenn er Rassismus und Populismus, die ihm vorgeworfen werden, bestreitet. Seine Diskussion von Freud hängt vor allem mit den Reaktionen auf seine berüchtigte »Kopftuchmädchen«-Aussage zusammen. 2009 hatte er in einem Interview mit *Lettre International* gesagt:

> »Ich muss niemanden anerkennen, der vom Staat lebt, diesen Staat ablehnt, für die Ausbildung seiner Kinder nicht vernünftig sorgt und ständig neue kleine Kopftuchmädchen produziert. Das gilt für 70 Prozent der türkischen und 90 Prozent der arabischen Bevölkerung in Berlin« (Sarrazin, 2009, S. 198).

Auf Sarrazins Thesen, seine falschen Behauptungen usw. muss ich hier nicht näher eingehen (siehe dazu z. B. Foroutan, 2010; Akgün, 2011; Özbek, 2017; Schmidt, 2018). Wenn es nach ihm ginge, wären die Reaktionen auf diesen Satz lediglich Ausdruck von Projektionen und verdrängten Ambivalenzen Muslimen in Deutschland gegenüber.

> »Erst die verdrängten feindseligen Gefühle, die nach Meinung von Sigmund Freud bei der Aufrichtung von Tabus eine Rolle spielen, konnten das Wort ›Kopftuchmädchen‹ zum scheinbaren Skandal machen. Insofern offenbarten Medien und Politik

> ihre eigene feindselige Ambivalenz, als sie sich über das Wort empörten und seinen Schöpfer zum Bösewicht erklärten« (Sarrazin, 2014, S. 131).

Hier wiederholt sich das klassische rechte Mantra »Das wird man ja wohl noch sagen dürfen!« Nach Sarrazin sind Begriffe wie »Kopftuchmädchen« oder »Zigeuner« sowieso nur bloße Semantik – und eine Änderung der Sprache würde nichts bringen und sei sowieso nicht notwendig. Somit wären wir auch wieder bei der vorherigen Diskussion zum »N-Wort«. Es geht hier jedoch um etwas anderes, was man psychoanalytisch analysieren kann.

Der Diebstahl des Genusses

»Sarrazin fühlt sich in seinem Deutschsein und der Identität der Deutschen bedroht. Es geht um das Gefühl, von uns – den Ausländern, insbesondere den Muslimen – vernichtet und verdrängt zu werden« (Özbek, 2017, S. 709f.). Den »Ausländern« wird eine Macht zugeschrieben, die sie so gar nicht haben. Sarrazins Äußerungen über Migranten offenbaren eine typische Position, die Lacanianer mit dem Begriff des »Diebstahls des Genusses« beschreiben (siehe etwa Žižek, 1994; Miller, 1994; George, 2014; Hook, 2020). Rassismus liefert eine sadistische Form des Genusses:

> »In einem Lacan'schen Paradigma ist der Rassismus also ein diskursiver, aber auch affektiver und sinnlicher Weg zur Erlangung der *jouissance* – also der Erfahrung des schmerzhaften Genusses oder der genussvollen Schmerzes (Lacan, 1988) auf

> Seiten des Rassisten, dessen Ideal-Ich durch die fantasmatische Konstruktion eines Ich-Ideals gestützt wird, das dafür sorgt, dass es dem ›stinkenden‹, ›hässlich aussehenden‹, ›gefährlichen‹ Anderen überlegen ist, dessen Abscheulichkeit es verdient, abgelehnt zu werden« (Johanssen & Krüger, 2022, S. 137).

Rassistische Fantasien und Aktionen stützen sich oftmals auf das Gefühl, betrogen, getäuscht oder schlecht behandelt worden zu seien. Man sieht dies in nahezu allen Diskursen, die Migranten als faul, enthemmt, als Belastung für Sozialsysteme, »Sozialschmarotzer«, kriminell, unzivilisiert, usw. darstellen. Sie haben »den Deutschen« oder »der Mehrheit« etwas gestohlen, seien es Arbeitsplätze, nationale Identität oder Chancen – kurzum: *jouissance*. Es ist die Angst, dass der Andere immer mehr und besser genießen kann als man selbst, die zu Rassismus und anderen Formen des Extremismus führt. »Rassismus gründet sich auf das, was man sich über die *jouissance* des Anderen vorstellt; er ist Hass auf die besondere Art und Weise, die eigene Art und Weise des Anderen *jouissance* zu erleben« (Miller, 1994, S. 80). Bei Žižek heißt es:

> »Was bei ethnischen Spannungen auf dem Spiel steht, ist immer [eine Art von; J.J.] Besitz: Der ›andere‹ will uns den Genuss rauben (indem er unsere »Lebensweise« ruiniert) und/oder er hat Zugang zu einem geheimen, perversen Vergnügen. Kurz gesagt, was uns wirklich stört, ist die eigentümliche Art und Weise, in der der ›andere‹ seine Art und Weise, wie er sein Vergnügen organisiert (der Geruch seines Essens, seine ›lauten‹ Lieder und Tänze, seine seltsamen Manieren, seine Ein-

> stellung zur Arbeit – aus der rassistischen Perspektive ist der ›andere‹ entweder ein Workaholic, der uns die Arbeitsplätze stiehlt, oder ein Müßiggänger der von unserer Arbeit lebt)« (Žižek, 1992, S. 165).

Hierbei steht auch immer die (sehr Lacanianische) Frage im Hintergrund: »Was will der Andere (von mir)?« Um nichts anderes geht es bei Sarrazin, wenn er sagt: »Ich muss niemanden anerkennen, der vom Staat lebt, diesen Staat ablehnt, für die Ausbildung seiner Kinder nicht vernünftig sorgt und ständig neue kleine Kopftuchmädchen produziert.« Diese Äußerungen sprechen bestimmten Menschen das fundamental-ethische Bindeglied zwischen Menschen ab: Anerkennung (Benjamin, 1988). Sarrazin zeichnet ein Bild von Muslimen, die anarchisch in einer Parallelgesellschaft leben, sich nicht um die Kinder kümmern, sondern nur an sexueller Reproduktion interessiert sind. Der Begriff »Kopftuchmädchen« impliziert fast schon, dass diese mit Kopftuch auf die Welt kommen, quasi organisiert als unheimliche Armee, die »die Deutschen« angreift und den deutschen Staat ablehnt. Diese Äußerungen sind in hohem Grad paranoid und sie zeugen auch von der Projektion Sarrazins, die den Muslimen eine gefährliche Form des Genusses attestiert. Es ist sehr entlarvend, dass Sarrazin *andere*, nämlich die Menschen in den Medien und der Politik der Projektion beschuldigt. Aus seiner Sicht haben sie ihre eigenen ambivalenten oder hasserfüllten Gefühle nur in ihn projiziert, um sich besser zu fühlen – das mag natürlich auch teilweise der Fall sein, aber seine Thesen offenbaren eine viel stärkere Projektion seinerseits. Es sind »die anderen«, die tabulos und enthemmt leben können, während

»wir« uns an alle Regeln halten müssen. Sie nehmen sich angeblich die Freiheiten, zu tun und zu lassen, was sie wollen. So zitiert Sarrazin Freud: »Er [der das Tabu gebrochen hat; J.J.] erweckt Neid; warum sollte ihm gestattet sein, was anderen verboten ist?« (Freud, 1913, S. 30) Dies ist der Neid Sarrazins – und nicht der Neid, den er bei Politik und Medien verortet.

Rassismus und Antisemitismus als affirmative Destruktion

Bei Rassismus geht es um mehr als nur um Fragen des sadistischen Genusses. Am Anfang jeglicher Form von Rassismus[2] steht erst einmal die Hemmung von Komplexität und Wissen – die rassistisch denkende Person könnte sofort herausfinden, dass die »Argumente« und Vorurteile, mit denen sie sich konfrontiert sieht bzw. die sie erschafft, relativ schnell entkräftet werden könnten. Dieser Wissenszugang wird negiert oder blockiert. Andere Wissensquellen, die sogenannten »Mainstream-Medien«, werden als »Lügner« abgetan, wie es etwa in Deutschland die PEGIDA-, Querdenker oder AfD-Sympathisanten regelmäßig tun. Das Internet und alternative Medienangebote haben hier ihr Übriges dazu getan, solche Sichtweisen noch stärker zu verbreiten. Dennoch sind sich viele Rassisten natürlich darüber im Klaren, dass sie

2 Ich diskutiere Rassismus und Antisemitismus nicht komplett synonym, da der Antisemitismus eine besondere Form des Rassismus darstellt. Diese wurde auch insbesondere psychoanalytisch diskutiert und konzeptualisiert. Nach Stephen Frosh (2016) ist Antisemitismus als Prototyp jeglichen Rassismus zu verstehen.

Lügen und Propaganda aufsitzen bzw. diese auch verbreiten. Diese Form der Hemmung ist nicht gleichbedeutend mit dem psychoanalytischen Hemmungskonzept, das ich bis jetzt diskutiert habe, aber sie bildet doch eine Komponente desselben. Rassismus und jegliche Form von Extremismus sind gleichsam eine Art Wissensleistung, da immer abstrahiert wird und universelle Merkmale gebildet werden: Alle Menschen einer bestimmten Ethnizität, Religion oder Sexualität haben angeblich bestimmte Eigenschaften, tun bestimmte Dinge usw. Rassismus erschafft folglich immer auch neue Charaktertypen und Identitäten, sowohl was die Rassisten als auch die »Anderen« anbelangt.

Markus Brunner (2019) verdeutlicht, dass die extreme Rechte immer einen Enthemmungszustand verspricht. Den Anhängern wird versichert, dass sie ihre Gefühle und Meinungen ungehemmt und frei ausleben können, abseits von »politischer Korrektheit« oder anderen »Meinungsdiktaturen«. Dies ist sicherlich oft der Fall, jedoch ist es gerade beim »neuen« oder gegenwärtigen Rassismus schwer, diesen immer zu erkennen. Er ist oft unterschwellig, verschleiert oder bewusst gehemmt, um sich in der Mitte der Gesellschaft breitzumachen. Gleichsam gibt es natürlich auch rassistische und faschistische Narrative, die offensichtlich voller offenem Hass sind. Es gibt somit verschiedene Eskalationsstufen auf einer Art Achse von Hemmung und Enthemmung.

Rassismus und andere Formen des Extremismus erscheinen auf den ersten Blick als symbolische und reale Auslöschungsmaschinen, bei denen es darum geht, den Anderen zu zerstören: »Der Antisemit will den Anderen nicht aufrechterhalten; er oder sie will den Anderen angreifen [...]

und die Welt von ihm oder ihr säubern« (Young-Bruehl, 1996, S. 134). Allerdings haben hier andere psychoanalytische Denker eine differenziertere Perspektive aufgezeigt. Der Rassist benötigt und verabscheut den Anderen in gleicher Weise, sowohl als Fantasieobjekt als auch als reale Person oder Gruppe.

> »Dieses Paradoxon, das bereits in Bezug auf die Juden in Nazi-Deutschland aufgetreten ist (je mehr sie rücksichtslos vernichtet wurden, desto entsetzlicher wurden die Dimensionen, die die Verbliebenen erreichten), kann heute in Bezug auf die Muslime in Bosnien wahrgenommen werden: Je mehr sie ermordet und ausgehungert wurden, desto stärker ist die Gefahr des ›muslimischen Fundamentalismus‹ in den Augen der Serben« (Žižek, 1994, S. 78),

wie Slavoj Žižek im Kontext der Jugoslawien-Kriege nahelegt. Juden oder andere Gruppen werden so zu Sündenböcken gemacht, auf die Extremisten angewiesen sind, um ihren Hass aufrechtzuerhalten. Diese Dynamik hat jedoch einen hohen Preis, wie Stephen Frosh unter Bezugnahme auf die Arbeiten der Frankfurter Schule ausführt:

> »[D]er Jude ist eine Figur, die zunächst aufgrund ihrer kulturellen Kongruenz als Hassobjekt ausgewählt, dann aber übermäßig als Träger all dieser Andersartigkeit gesehen wird; die Verschwörung ist überall zu finden. Dies produziert eine Spirale der Paranoia und des Hasses, denn der Jude dient sowohl dazu, die projizierten Impulse des Antisemiten einzuschließen als auch zu übertreiben. Es liegt eine Psychose in der Luft, die

> nur durch endlos zunehmende Starrheit und eskalierenden antisemitischen Hass in Schach gehalten wird. Der Jude ist ein Sicherheitsventil für destruktive Impulse, aber dieser Einsatz des Juden birgt tiefe persönliche und soziale Kosten« (2016, S. 35).

Bereits Adorno, Frenkel-Brunswick, Levinson und Sanford merken in der *Autoritären Persönlichkeit* (1950) an, dass das Weltbild des Antisemiten die betreffende Person verfolgt und ihr keine Ruhe lässt. Das einzig Beruhigende daran ist, dass dieses Weltbild in sich vermeintlich Sinn ergibt. Je weiter dieses Weltbild internalisiert wird, desto weniger kann jegliche äußere Differenz toleriert werden. Dies führt wiederum dazu, dass der Hass nur noch stärker wird. Der Antisemit ist somit auf den Juden angewiesen, vor allem auch als inneres Objekt. Da der Jude ohnehin fantasmatische Züge annimmt, kann er in diesem Sinne gar nicht vollkommen zerstört werden.

> »Der Antisemit fühlt sich zu ›irrationalen‹ Überzeugungen hingezogen, gerade weil sie den Aufruhr eines Geistes zum Ausdruck bringen, der mit sich selbst und der Welt im Krieg steht, der jedoch strukturell und sozial schwach ist und die Stütze seines containenden Wahnsinns braucht, um sich selbst gesund zu erhalten« (Frosh, 2016, S. 39).

Obgleich dies bewusste Prozesse sind, spielt das Unbewusste auch eine Rolle, zumal das Subjekt unbewusst eigene Unsicherheiten, Störungen oder Ängste in den Juden projiziert. Diese Wechselwirkung zwischen Täter und Opfer äußert sich auch in anderen Formen des Extremismus, wie Islamophobie oder Frauenhass (Johanssen, 2023). Man kann darüber hinaus die bisher erläuterten Dynamiken vor dem Hintergrund des Ent/Hemmungskonzepts diskutieren, da die Psyche des Antisemiten gleichfalls gehemmt und enthemmt ist. Bestimmte Gefühle wie Empathie, Scham oder Respekt werden außerdem bewusst gehemmt, während andere (Hass, Aggression, Stolz usw.) enthemmt werden. Allerdings ist so eine klare Unterscheidung zu einfach (Malmqvist, 2015), da hier unbewusste und widersprüchliche Dynamiken zu kurz kommen.

Der »neue«, seit geraumer Zeit häufig präsente Rassismus (oftmals auch »kultureller« oder »Neo«-Rassismus genannt) hat den biologistischen Rassismus oftmals verdrängt (z. B. Hohle, 2017). In diesen Diskursen äußert sich Rassismus nicht anhand angeblich biologischer, sondern auf Basis kultureller Differenzen und Ungleichheiten zwischen Ethnien. Unterschiedliche Gruppen könnten in multikulturellen Gesellschaften nicht harmonieren, da sie schlichtweg zu verschieden seien. Diese »Argumente« werden oft vorgebracht, wenn es etwa um islamophobe Positionen geht. Der norwegische Rechtsterrorist Anders Behring Breivik etwa verbreitete in seinem Manifest die Position, dass Europa von muslimischen Migranten unterwandert werde und dies eine Bedrohung darstelle. Thilo Sarrazin ist mit Blick auf das thematische Feld der Migration ebenfalls Rassismus vorgeworfen worden. Die AfD bedient sehr ähnliche Positionen. Diese Formen von Rassismus sind oftmals sachlich, »faktischer« und gehemmter als etwa der biologistische Rassismus des Dritten Reichs oder der von Neonazis. Tülay Özbek zufolge treten solche Formen des Rassismus auch auf, da sich Deutsche mit Migrationshintergrund in den vergangenen Jahrzehnten von ausgebeuteten »Gastarbeitern« hin zu einer diverseren und vor allem selbstbewussteren Gruppe gewandelt haben. Sie sind somit nicht mehr so klar zu fassen wie einst. Dies würde auch Thesen à la Sarrazin erklären: »Der Verlust des gesellschaftlich stereotypisierten Fremden ist die Bedrohung, die mit allen Mitteln bekämpft werden muss. Der Verlust des projektiven Schutzes setzt die verbliebenen psychotischen Ängste und den Hass frei« (Özbek, 2017, S. 715). Wie seine Opfer ist auch der Rassist dynamisch und geht quasi mit der Zeit (siehe auch Strick, 2021).

Ich möchte im Folgenden ent/hemmte Narrative im Kontext des Rassismus anhand eines Beispiels genauer analysieren. Heutiger Rassismus kommt oftmals auch humoristisch oder als Satire daher. »Zumindest spricht die Satire als Art, rassistische Überlegenheitsgefühle in Bezug auf EU-Migranten auszudrücken […], gegen die Vorstellung von Online-Rassismus als Enthemmung« (Malmqvist, 2015, S. 748). Rassismus kann somit gehemmt oder verdeckt werden bzw. auch absurde Züge annehmen. Ähnlich wie der Troll ist sich der Rassist dessen sehr bewusst. Der US-amerikanische Rechtsextremist und Antisemit Nick Fuentes erlangt 2022 international Berühmtheit, als er gemeinsam mit dem US-Rapper Ye (auch bekannt als Kanye West), der seinerseits mit antisemitischen Aussagen in die Kritik geraten ist, und weiteren Personen ein Abendessen mit Donald J. Trump in dessen Residenz in Mar-a-Lago einnimmt. Bereits 2019 äußert sich Fuentes wie folgt in seinem Livestream – zuerst bezugnehmend auf eine Zuschauerfrage:

> »Wenn ich eine Stunde brauche, um ein Blech Kekse zu backen und Krümelmonster 15 Öfen hat, die fünf Jahre lang jeden Tag

> 24 Stunden in Betrieb sind, wie lange braucht Krümelmonster dann, um sechs Millionen Kekse zu backen?«

Fuentes grinst daraufhin, er lacht kurz und sagt:

> »Ich weiß es nicht, das ist eine gute Frage. [...] Es würde bestimmt nicht fünf Jahre dauern, oder? Die Rechnung scheint hier nicht aufzugehen. Vielleicht eher 200.000 bis 300.000 Kekse? [...] Und wenn man Luftbildaufnahmen dieser Küchen machen würde, würde man Schornsteine sehen, aus denen Rauch aufsteigt vom Kekse backen, und die Schornsteine würden Schatten werfen, aber ich glaube, die sind nicht sichtbar auf den Luftbildaufnahmen der Küchen. [...] Sechs Millionen Kekse? Nee, das glaube ich nicht. Das hier ist alles Ironie. Ich bin ein Ironie-Typ. Ich liebe und respektiere alle. Und alles, was die Regierung sagt, ist wahr« (Fuentes, 2019).

Hierbei handelt es sich klar um die Leugnung des Holocausts. Sie ist kodiert und metaphorisch geäußert, jedoch so offensichtlich, dass jeder versteht, worum es eigentlich geht. Fuentes bezieht sich hier feixend auf verbreitete Lügen über die Shoah, dass die Nazis weitaus weniger Juden töteten und es keine Gaskammern gegeben habe. Sartre schreibt über den Diskurs des Antisemitischen:

> »Glauben Sie niemals, dass Antisemiten sich der Absurdität ihrer Antworten nicht völlig bewusst wären. Sie wissen, dass ihre Äußerungen unseriös und anfechtbar sind. Aber sie amüsieren sich, denn es ist ihr Gegner, der verpflichtet ist, verantwortungsvoll mit Worten umzugehen, da er an Worte glaubt.

> Die Antisemiten haben das Recht zu spielen. Sie spielen sogar gerne mit dem Diskurs, denn indem sie lächerliche Gründe anführen, diskreditieren sie die Ernsthaftigkeit ihrer Gesprächspartner. Es macht ihnen Spaß, in böser Absicht zu handeln, da sie nicht versuchen, durch gute Argumente zu überzeugen, sondern einzuschüchtern und zu verunsichern (Sartre, 1948, S. 13).

Fuentes wendet bewusst das Stilmittel der Provokation und des Humors an, um sowohl seine Anhänger zu erheitern, neue zu rekrutieren und alle anderen zu provozieren und zu verletzen. Antisemitismus ist hier gepaart mit der Logik des Trolling. Diese Logik der Ironie und des Witzes hat die neue extreme Rechte im Internet perfektioniert. Es ist gerade die Form des Witzes, die es erlaubt, heute über Rassismus zu lachen, ohne dabei zwangsläufig »ernsten« Rassismus selbst zur Sprache zu bringen (Black, 2021). Rassistische Witze fungieren somit auch als die obszöne Kehrseite des Über-Ichs:

> »Das Über-Ich verlangt Gehorsam und Genuss, Übertretung und Zustimmung, Es beschmutzt alles mit seinem obszönen Exzess. Wenn die offiziellen Regeln ethnische Toleranz fordern, verlangt das Über-Ich unsere Wachsamkeit angesichts der unabänderlichen rassistischen Schuld. Gleichzeitig ist die Wahrheit der rassistischen Schuld, dass der Rassismus, der durch und trotz der offiziellen Toleranz fortbesteht, rassistische Solidaritäten schafft – unsere rassistischen Witze überschreiten Grenzen, die Erlaubnis, die Regeln zu brechen, die Unterwerfung unter die Aufforderung ›Genieße!‹« (Dean, 2006, S. 156f.)

Diese Dynamik haben Fuentes und andere Vertreter der neuen Rechten verinnerlicht. Humor und Ironie seien »so wichtig, um viel Deckung und glaubhafte Distanzierungsmöglichkeiten für unsere Ansichten zu geben«, so Fuentes (Dreisbach, 2021). Seine letzten zwei Sätze – »Ich liebe und respektiere alle. Und alles, was die Regierung sagt, ist wahr« – relativieren scheinbar seine Hetze, sind aber ihrerseits ironisch und natürlich nicht ernst gemeint. Fuentes lehnt die Regierung ab und respektiert gerade nicht alle. Somit scheint alles relativ – was bleibt, ist Hass. Hier wird erneut deutlich, wie digitale Formen des Antisemitismus und Rassismus oftmals einer Logik des Trollings folgen. Der Philosoph Gilles Deleuze hätte diese Formen des Humors und der Ironie als »sadistische Ironie« (1967) bezeichnet. Mit Kai Heron (2020) gesprochen, ist dabei auch das Lacan'sche Konzept des Gesetzes aufschlussreich, um die beschriebenen Dynamiken besser einordnen zu können.

Das leere Gesetz und der Ruf nach Meinungsfreiheit

Nach Lacan ist es vor allem der Vater, der in den Augen des Kindes für das Gesetz steht bzw. dessen Gebote und Verbote vom Kind internalisiert werden (die Mutter kann freilich auch diese Rolle einer Autorität einnehmen). Das Gesetz ist eine hyper-subjektive Struktur bzw. Instanz, die durch das Über-Ich personalisiert wird. Das Gesetz kommt immer vom großen Anderen bzw. ist es der Andere, der das Gesetz und das Subjekt überwacht. Heron argumentiert mit Lacan, dass Humor und Ironie als Stützen des Gesetzes fungieren. Er führt hier die endlose Debatte in rechten Kreisen über freie

Meinungsäußerung an. Diese führt letztlich zu der Frage, die sich alle stellen müssen: »Erweitern wir die Meinungsfreiheit hin zu denjenigen, die sich gegen die Meinungsfreiheit aussprechen wollen?« (ebd., S. 12) Diese Frage wird von rechten, linken oder liberalen Strömungen sehr unterschiedlich beantwortet und auch in Sozialen Medien immer wieder diskutiert, wenn es darum geht, welche Inhalte gelöscht werden oder bestehen bleiben sollen. Der Begriff der freien Meinungsäußerung ist so leer bzw. unterschiedlichen Definitionen unterworfen, dass er auch für sehr unterschiedliche Zwecke genutzt wird. Diskurse, die oft im Namen der freien Meinungsäußerung geführt werden, wie etwa derjenige Sarrazins, schränken diese aber in Wirklichkeit ein. »Das Ironische an den Behauptungen der weißen Rassisten, im Namen der Meinungsfreiheit zu sprechen, ist, dass die Möglichkeit einer solchen Umkehrung dem liberalen Recht auf Meinungsfreiheit selbst *immanent* ist« (ebd.). Und in der Tat strebt die extreme Rechte danach, die freie Meinungsäußerung rückgängig zu machen – es ist das Ziel des rassistischen Diskurses, alle anderen Formen des Denkens zu verbannen und zu hemmen. Dennoch ist sie in das Gesetz eingebettet, wenn sie die freie Meinungsäußerung fordert, zumal die Forderung nach freier Meinungsäußerung nur gegenüber dem Gesetz artikuliert werden kann. »Die liberale Toleranz liefert die Mittel für ihre eigene Subversion; eine Subversion, die sich mit der leeren Form des modernen Rechts identifiziert und sich daran erfreut« (ebd., S. 18). Es scheint daher durchaus passend, dass Fuentes am Ende des Videos implizit das Gesetz – und explizit dessen Hauptinstanz: den Staat – benennt. Seine kodifizierte Holocaustleugnung ist eben gerade möglich, weil sie per Gesetz legitimiert und augenscheinlich von der Kunstfreiheit gedeckt ist. Gerade wenn er als »Ironie-Typ« sagt: »Das ist alles Ironie«, setzt er sich in Verbindung zum Gesetz und legitimiert seinen Hass, weil er fälschlicherweise vorgibt, alles nur ironisch gemeint zu haben.

Natürlich steht jede Form von Ironie immer in Beziehung zum und innerhalb des Gesetzes, denn die Subjekte teilen nicht nur dieselbe symbolische Ordnung, sondern sind – zumindest theoretisch – denselben Gesetzen unterworfen, ob sie es wollen oder nicht. Rechte Forderungen nach freier Meinungsäußerung sind daher per definitionem konservativ. Es handelt sich hier um ein Gesetz, das sie gleichzeitig in seiner bestehenden Form durchsetzen und durch ihre eigene Ideologie untergraben wollen, d. h. sie wollen das hohle liberale Gesetz übernehmen, um es mit Faschismus auszufüllen. Diese Ausfüllung ist möglich, weil das Gesetz in seiner modernen Form durch eine ursprüngliche Unterdrückung (d. h. des Inzesttabus) funktioniert, um die Subjekte in die symbolische Ordnung aufzunehmen. Dem Gesetz zu gehorchen, ist für Deleuze und Lacan ein Akt, der dem Subjekt ständig Schuldgefühle beschert. Es ist das Über-Ich, wie Lacan schreibt, das als Instanz und Personifizierung des Gesetzes fungiert und fortwährend harte, grausame und obszöne Urteile über das Subjekt ausübt. »Wir wissen nicht, was der Andere von uns will, und genau das ist es, was das moderne Gesetz funktionieren lässt« (ebd., S. 9). Das Gesetz kennt kein Außen und kein Innen; sein Inhalt muss unerkennbar bleiben. Dies macht es möglich, auf die Spaltung innerhalb des Gesetzes selbst hinzuweisen, etwa wenn die extreme Rechte das Gesetz mobilisiert, um angeblich die Redefreiheit zu verteidigen.

Ich möchte die obige Diskussion jedoch verkomplizieren, indem ich auf die dynamische Natur des Gesetzes selbst (und insbesondere der symbolischen Ordnung) hinweise. Das Gesetz ist nicht so statisch und passiv, wie Heron es mithilfe von Lacan und Deleuze darstellt. Deleuze vertritt die These, dass das zeitgenössische (liberale) Subjekt im Wesentlichen masochistisch ist, weil es auf einer absoluten Bejahung der Aufforderung des Über-Ichs beruht, dem Gesetz zu gehorchen, einschließlich der Frage, wie man genießt. »In der modernen Form des Gesetzes kann das Gesetz nur durch die absolute Unterwerfung seiner Anweisungen dazu gebracht werden, genau die Arten von Vergnügen zu ermöglichen, die es eigentlich verbieten sollte« (ebd., S. 13). Dies funktioniert entlang einer Dynamik, bei der der Masochist, indem er »sich dem Gesetz fälschlicherweise unterwirft, Vergnügen erreicht, das es eigentlich verbieten sollte« (Deleuze & von Sacher-Masoch, 1991, S. 89). Dies mag im Fall von Fuentes oder von »neuen« Rassismen zutreffen, die vorsichtig mit den bestehenden Vorschriften spielen oder sie dehnen. Dennoch bin ich der Meinung, dass Heron sich zu sehr auf die Struktur des Gesetzes selbst konzentriert und keine Perspektive für die radikalen Veränderungen bietet, die wir in den letzten Jahren erlebt haben, seit der Rechtspopulismus viele Teile der Welt erfasst hat. Das Gesetz mag radikal leer sein und auf Negativität beruhen, aber das macht es auch offen für Veränderungen. Dies wird deutlich, wenn wir über tatsächliche Veränderungen im Rechtssystem und über Diskurse nachdenken, die über traditionelle und Soziale Medien verbreitet werden. Die neue Rechte und nicht zuletzt Populisten wie Trump haben den symbolischen Horizont bereits grundlegend verschoben und neue Bedeutungen und Bedeutungsketten geschaffen. Die reale Gefahr des Faschismus wird durch die Institutionalisierung bestimmter Kenntnisse und Bedeutungen ermöglicht. Wir können dies dadurch erklären, dass es unter Trump (oder Johnson, Bolsonaro oder anderen Politkern) möglich wurde, Dinge zu sagen, die vor einigen Jahren noch unsagbar, ja undenkbar erschienen. Bestimmte Äußerungen und Handlungen werden nun nicht nur toleriert, sondern durch das Gesetz aktiv gefördert oder gefordert. Dies zeigt, wie dynamisch und anpassungsfähig das Gesetz und die symbolische Ordnung sind.

Die hier diskutierten Formen des Hasses erweisen sich – obgleich sie schockierend und toxisch sind – immer auch als gehemmt. Sie verdecken, lavieren, kodifizieren oder halten sich eine Hintertür offen, die sie zurückrudern lässt. Dies verleugnet nicht, dass die extremsten Formen des Rassismus immer noch diejenigen sind, die komplett enthemmt und losgelöst von jeglichen Normen oder Gesetzen geäußert werden. Und es liegt mir fern, den Eindruck zu vermitteln, dass die Formen des Hasses, die hier diskutiert wurden, harmloser sind, weil sie gehemmter agieren.[3] Faschistische und rassistische Handlungen sind oft affektiver Natur, obgleich die Täter wissen, wenn sie Gesetze brechen. Wir können sie als Formen psychoanalytischen *Ausagierens* bezeichnen:

---

3 2021 gab es 20.201 rechtsextreme Straftaten in Deutschland – mehr als 55 pro Tag. Der Verfassungsschutz schätzt, dass es in jenem Jahr 13.500 gewaltbereite Rechtsextremisten gab (Bundesamt für Verfassungsschutz, 2022). Die eigentliche Zahl dürfte deutlich höher sein, wenn man den Begriff der Gewalt um den der »digitalen Gewalt« erweitert.

> »Das Ausagieren selbst hat, wie Lacan im Seminar V erklärt, immer die Struktur eines dargestellten Szenarios oder einer theatralischen Darstellung. Dies impliziert, dass es sich auf derselben Ebene befindet wie die Fantasie [...], deren Funktion gerade in der Aufrechterhaltung des Begehrens besteht (Nobus, 2016, S. 22).

Nach Lacan sind Formen des Ausagierens gerade durch Hemmungen motiviert. Ausagieren ist im Kontext der Kategorien »Aufruhr« und »Hinderung« verortet und fungiert »als psychische Barriere gegen die Eruption von Angst« (ebd., S. 23). Angst hat in den Formen des Hasses, die ich in diesem Kapitel diskutiert habe, immer eine (unbewusste) Rolle gespielt, auch wenn ich sie bis jetzt nicht explizit benannt habe. Es ist die Angst vor dem Diebstahl des Genusses durch den Anderen bei Rassisten; die Angst, herkömmliche und gewohnte Konventionen zu verlieren bei Menschen, die das »N-Wort« weiterhin gebrauchen wollen oder ihre Redefreiheit eingeschränkt sehen; die Angst von *dick pic*-Sendern, nicht phallisch oder männlich genug zu sein; die Angst von Trollen, haltlos und losgelöst von Autorität durchs Leben zu schweben; die Angst von denen, die sich an einem Shitstorm beteiligen, selbst beschämt zu werden; die Angst davor, völlig wahnsinnig oder psychotisch zu werden, wie Stephen Frosh (2016) und auch Klaus Theweleit (1977, 1978) mit Blick auf den Faschismus analysieren. Die faschistische oder rassistische Person, die in einer wahngleichen Hybris Morddrohungen per E-Mail verschickt, Tweets postet, die offen (und nicht kodiert) den Holocaust leugnen, andere Menschen attackiert und umbringt, agiert die Angst aus, durch den Anderen psychotisch zu werden. Diese Angst wird gerade durch solche Angriffe gehemmt und das »Sicherheitsventil« (Frosh, 2016, S. 35; Nobus, 2016, S. 28) bleibt intakt. Dennoch besteht die Symptomatik einer tiefen Angst weiterhin. Ausagieren »bedeutet auf der Bühne der Welt ›eine Szene zu machen‹, weil man sich in seinem Begehren nicht anerkannt fühlt« (Nobus, 2016, S. 30). Diese Angst ist auch immer Ausdruck von Hemmung, ganz gleich wie brutal enthemmt sie sich äußern mag. Es ist eine Angst, die wir alle in uns tragen und die auch mit Anerkennung und Begehren zu tun hat. Tragischerweise wird sie in den angeführten Beispielen in Richtung von etwas völlig Falschem kanalisiert.

5 Digitale Sexualität im Zeitalter des Selfies

Freuds Arbeiten waren zu einem Teil auch aufgrund des herrschenden sexuellen Konservatismus und der Repression des Sexuellen motiviert. Zu seinen Lebzeiten war Sexualität sicherlich gehemmter als heutzutage. Auch wenn Sexualität und das Sprechen über sie nicht vollkommen abwesend oder verdrängt waren, so war diese doch nur in bestimmter Weise existent und vor allem kulturell unterschiedlich für Cis-Männer und Frauen sowie nicht-heterosexuelle Personen genormt und geformt. Freud selbst war gleichsam konservativ und progressiv, was seine Ansichten zur Sexualität anging. Man könnte auch sagen, dass er ein Gegner sexueller Hemmung war, wenn diese ein leidendes Subjekt zur Folge hatte. Für ihn sind Scham, Ekel und Moral verdrängende Kräfte, die sowohl sozial als auch individuell wirken. Nach Freud dienen sie vor allem als mentale Dämme gegenüber der Sexualität und sexuellen Exzessen. Gerade in der psychosexuellen Entwicklungsphase des Subjekts können diese Kräfte Schaden anrichten. In der Latenzphase psychosexueller Entwicklung können geistige Kräfte gebildet werden, »die zur wirksamen Unterdrückung solcher Unlust die erwähnten psychischen Dämme, Ekel, Scham und Moral, aufbauen« (Freud, 1905, S. 35). Insofern geht es bei psychoanalytischen Diskussionen über Sexualität immer um

Hemmung und Enthemmung, deren Fantasien, Praktiken, Pathologien und Symptomatiken.

Obgleich die Psychoanalyse viel Kritik einstecken musste – etwa was ihre teilweise Pathologisierung von Homosexualität und queerer Sexualität angeht –, so hat sie doch auch immer wieder wichtige Impulse geliefert, die weit über ihre Disziplin hinausgehen. Die Psychoanalyse unterscheidet bekanntlich zwischen Psychosexualität und Sexualität im engeren Sinne. Ein psychoanalytisches Verständnis von Sexualität besagt, dass Sexualität (und vor allem sexuelle Identität) mit der Biografie des Subjekts und dessen soziokulturellen Kontexten zusammenhängt. Es war Freud, der als Erster zeigte, dass die psychosexuelle Entwicklung des Subjekts nicht mit der Pubertät beginnt, sondern schon wesentlich früher. Jean Laplanche (1989) konnte zeigen, dass von Sexualität eine unbewusste und rätselhafte Macht in Form einer intersubjektiven Matrix ausgeht, die das Subjekt vom Babyalter an prägt.

Seit der 1968er-Bewegung hat sich Sexualität als psychosoziales Phänomen im Westen stark verändert – und es ist oftmals von einer sexuellen Liberalisierung und Enthemmung die Rede, die die Studierenden herbeigeführt haben. Dies hat wiederum auch dazu geführt, dass Sexualität und Nacktheit in den Medien und vor allem der Werbung allgegenwärtig sind. In diesem Zusammenhang nehmen alltäglicher Sexismus und Misogynie zu, vielleicht auch gerade bedingt durch die Erfolge feministischer Bewegungen seit der zweiten Welle. Das Internet lässt dabei die Verfügbarkeit sexueller Inhalte explodieren. Dating und *hook up*-Apps wie Tinder, Bumble oder Grindr verändern ihrerseits Sexualität oder die Fantasie von Beziehungen und schnellem Sex. Internet und Soziale Medien ermöglichen es Menschen ebenso, auch mit anderen in Kontakt zu treten, die sie außerhalb des Internets nur schwer treffen könnten, etwa wenn es um sexuelle Präferenzen oder auch marginalisierte Sexualitäten wie LGBTQI+ geht. Scheinbar gibt es durch das Internet einen zweiten sexuellen Enthemmungsschub oder eine zweite sexuelle Revolution (Sigusch, 1998): Junge Menschen verschicken *dick pics* oder Nacktbilder (oder werden oftmals dazu gedrängt), sie inszenieren sich in hypersexualisierten Posen auf Instagram, laden selbstproduzierte Amateurpornos auf PornHub hoch oder verabreden sich über Foren mit Gleichgesinnten zum Sex. Es geht mir bei all diesen Beispielen – einige werde ich in diesem Kapitel näher analysieren – nicht um ein Urteil, ob sie moralisch »gut« oder »schlecht« sind, sie alle tragen gleichermaßen erhebliche Risiken wie Lustpotenziale in sich. Es geht mir eher darum, die oftmals postulierte gegenwärtige sexuelle Liberalisierung, Entfesslung, Zügellosigkeit und Enthemmung kritisch zu hinterfragen. Sexualität war immer – und ist besonders heute – angst-, scham- und fantasiebehaftet. Junge Menschen haben heutzutage angeblich weniger Sex als frühere Generationen, und sexuelle Probleme wie Erektionsstörungen sind in der Altersgruppe stärker vertreten als in der Vergangenheit (Kale, 2018). Sexualität mag in der Fantasie einer ekstatischen Verschmelzung von Körpern gleichkommen, jedoch ist die Wirklichkeit oftmals komplizierter.

Das Selfie zwischen gehemmtem Narzissmus und enthemmter Verletzlichkeit

Das Selfie mag auf den ersten Blick nichts mit Sexualität zu tun haben, da es vordergründig nicht um sexuelle Aspekte oder

Nacktheit geht. Dennoch ist es sinnvoll, dieses Kapitel mit einer Diskussion des Selfies zu beginnen, da es bei diesem auch immer um individuellen Genuss, Fragen des Narzissmus und Exhibitionismus sowie die Zurschaustellung radikaler Nacktheit im übertragenen Sinne geht. Auch das Phallische des Selfies fällt dabei ins Auge, zumal es »als Form aus nutzergenerierten pornografischen Praktiken hervorgeht, die Webcams und Live-Streams für bezahlte Pornografie nutzen [...]. Die Korrelation zwischen Selfies und sexueller Interaktion ist offensichtlich und leicht herzustellen« (Shah, 2015, S. 87). Wie bei vielen anderen technologischen Entwicklungen waren Pornos und insbesondere das sogenannte *camming* hier wegweisend. *Camming*, bei dem sich meist junge Frauen gegen Bezahlung live vor der Kamera ausziehen und sexuelle Handlungen an sich vornehmen, gibt es seit den frühen 2000er Jahren – und rückblickend ist es bemerkenswert, dass *camsites*, die solche Inhalte anboten, die Vorläufer der heute so alltäglichen Plattformisierung von Subjekten waren. Die frühen *camsites* brachten Design-Interfaces und Technologien mit sich, die wir heute in den Sozialen Medien und Apps vervielfacht sehen: Videochat, das Benutzerprofil mit Foto, die Like-Funktion, virtuelles Geld, das mit echter Währung gekauft werden kann, und viele andere Funktionen, die auf Zahlen und eine spielerische Quantifizierung von Erfahrungen setzen. *Camming* und sein spielerischer Umgang mit Nacktheit, Verführung, Täuschung, Sexualität, Pornografie und vor allem Begehren ist sinnbildlich und war vielleicht prophetisch für allzu gängige Formen der Darstellung von Körpern heute, z. B. auf Instagram, Tinder oder Grindr. Fotos von Körpern werden mit Photoshop bearbeitet, gefiltert und oft vor dem Hintergrund eines pornografischen Blicks eingeordnet. All das geschieht, um die Zahl der Follower zu erhöhen und Geld zu verdienen, indem man für Marken oder sich selbst wirbt, oder – im Falle von Dating-Apps – um mit jemandem zu »matchen«.

Das Selfie wird oft von jungen Menschen in der Adoleszenz genutzt – als Mittel zur Selbstinszenierung und um Anerkennung zu erlangen (Benzel & King, 2019; Löchel, 2019). Zumindest in der Phase der Adoleszenz fällt es in eine Zeit des intensiven Wandels für Jugendliche, der auch stark von Fragen der Sexualität und sexuellen Identität geprägt ist. Für Subjekte jeglichen Alters ist das Selfie nie nur ein egoistisches, narzisstisches Selbstrepräsentationswerkzeug, wie medial oft dargestellt. Es ist ein relationales Konstrukt, das sowohl Selbstvertrauen und Selbstzweifel ausdrückt.

Beim Selfie geht es um den Wunsch nach Anerkennung. Das Subjekt postet Selfies von sich, um von anderen Usern anerkannt zu werden. Wenn andere das Selfie-Bild kommentieren, liken oder teilen, fühlt sich das Subjekt in seiner Existenz bestätigt – auf dem Weg zu einem positiven Selbstbewusstsein. Steffen Krüger (2024, i. E.) zeigt, dass hierbei »ängstlicher Narzissmus« eine große Rolle spielt. Ähnlich wie Sherry Turkle konstatiert, sind nach Krüger dem Selfie auch immer Selbstzweifel immanent, ob man gut genug aussieht, ob man genug Likes bekommt usw. Diesen Hemmungen zum Trotz lädt man ein Selfie hoch. Dies stellt auch immer einen Akt der Überwindung dar, der das Subjekt verletzbar macht und gleichzeitig seine Verletzlichkeit offen zur Schau stellt.

Hierbei ist entscheidend, dass es sich um ein Foto vom *Gesicht* handelt. Für die psychoanalytische Filmwissenschaftlerin Mary Ann Doane ist das Gesicht »der eigentliche Ort der

Subjektivität« (2003, S. 90). Das Gesicht ist das wichtigste Merkmal einer Person; wir erkennen andere oft an ihren Gesichtern. Gesichter sind selbst Medien, da sie Informationen an andere vermitteln. Wir versuchen, den Gesichtsausdruck anderer zu »lesen« und einen bestimmten Ausdruck zu entschlüsseln und herauszufinden, was der andere vielleicht denkt. Mit Blick auf den Aspekt der Sexualität zeigt sich im Orgasmus einer Person die besondere Rolle des Gesichts, zumal sich dieser dort sehr deutlich offenbart. Einen Gesichtsausdruck zu kennen und lesen zu können, ist für ein funktionierendes Sozial- und Privatleben unerlässlich. Nach Gilles Deleuze ist das Gesicht eine Art affektive Landschaft des Körpers, eine Repräsentation von Körperfunktionen und Teilen des Körpers, die verborgen und nicht sichtbar sind.

> »Was das Gesicht selbst betrifft, so werden wir nicht sagen, dass die Nahaufnahme sich mit ihm befasst oder es irgendeiner Art von Behandlung unterzieht; es gibt keine Nahaufnahme des Gesichts, das Gesicht ist an sich die Nahaufnahme, die Nahaufnahme ist an sich das Gesicht und beide sind Affekt, Affekt-Bild« (Deleuze, 1986, S. 88).

Deleuze macht deutlich, »dass die Nahaufnahme des Gesichts die Rollen auflöst, die normalerweise vom Gesicht erfüllt werden: die der Individuation, der Sozialisation und der Kommunikation« (Schaschek, 2014, S. 136). Das Selfie ist vielleicht keine Nahaufnahme im engeren Sinne, aber es kommt ihr oft nahe genug.

Emmanuel Levinas' (1996) Konzept des Gesichts benennt eine menschliche Relationalität, die – so könnte man sagen –

ebenfalls primär durch das Affektive strukturiert ist. Das Gesicht ist bei ihm in der Lage, etwas zu vermitteln. Es ist eben kein menschliches Gesicht als solches, sondern eine Leinwand, die menschliche Emotionen und Äußerungen abbildet. Das Gesicht ist zudem »eine Art Geräusch« (Butler, 2004, S. 134); es drückt etwas aus, das jenseits der Sprache liegt. Es stellt eine Schnittstelle zwischen Menschen dar. Es markiert eine Beziehung, die immer die Unsicherheit und Schutzlosigkeit des anderen, die Unsicherheit und Verletzlichkeit des Lebens selbst, widerspiegelt. Wenn wir das Gesicht des anderen sehen, können wir seine Verletzlichkeit als menschliches Subjekt erkennen. Wie wir auf den anderen reagieren, oder als was wir den anderen betrachten, hängt auch von unserer eigenen Reaktion ab.

> »Das Gesicht des anderen bezeugt die Existenz einer solchen Hinwendung zu mir, befiehlt mir, fordert mich zu einer Antwort auf und macht mich so verantwortlich, unabhängig von dem, was gesagt wurde oder was ich von dem, was zwischen uns geschehen ist, verstehe« (Keenan, 2013, S. 35).

Nach Judith Butler stellt das Gesicht die grundlegende Verletzlichkeit und Unsicherheit der menschlichen Existenz dar, weil es uns an unsere eigene Verletzlichkeit erinnert. Intersubjektivität impliziert dann immer ein »mehr« oder etwas, das uns verunsichern kann, weil es uns entgeht. Das Gesicht ist nie nur Repräsentation, sondern etwas entzieht sich ihm immer. Gleichzeitig bedeutet das Gesicht einen Aufruf zur Ethik oder eine ethische Reaktion auf das andere Subjekt, weil dieses ein anderes menschliches Wesen ist, das vor mir steht.

Dies kann insbesondere bei der Darstellung von Selfies in den Sozialen Medien der Fall sein. Aus Levinas' Konzept des Gesichts ergibt sich dann die Frage: Wie kann ich ethisch auf den anderen antworten, wenn meine Antwort immer schon unzureichend ist, weil es ein exzessives oder übermäßiges Element in der Beziehung zwischen mir und anderen gibt?

Mit seiner Zerbrechlichkeit markiert das Gesicht eine Dialektik von Zerstörung und Erhaltung: »Das Gesicht des anderen [...] ist für mich zugleich die Versuchung zu töten und der Aufruf zum Frieden, das ›Du sollst nicht töten‹« (Levinas, 1996, S. 167). Wenn wir das Gesicht des anderen sehen, sehen wir seine Verletzlichkeit als menschliches Subjekt – ob nun als Selfie oder in Natura. Das Gesicht des anderen bedeutet immer etwas Inneres oder einen Teil des Visuellen, der nicht vollständig dargestellt oder von meinem Blick erfasst werden kann. In einer intersubjektiven Begegnung zwischen zwei Menschen ist das Gesicht, wenn es sich mir zuwendet, nicht nur eine Reflexion meines Blicks oder meines Gesichts, das sich dem anderen zuwendet.

> »In diesem Sinne unterstreicht die Figur [des Gesichts; J.J.] die Inkommensurabilität des Gesichts mit dem, was es darstellt. Streng genommen, repräsentiert das Gesicht also nichts, in dem Sinne, dass es das, worauf es verweist, nicht erfasst und wiedergibt. [...] Es gibt etwas Unrepräsentierbares, das wir dennoch zu repräsentieren versuchen, und dieses Paradox muss in der Repräsentation, die wir geben, beibehalten werden« (Butler, 2004, S. 144f.).

Mit anderen Worten: Das Gesicht ist ein Objekt, das mit dem Lacan'schen Realen beschrieben werden könnte. Es befindet sich immer jenseits des Symbolischen und dringt gleichzeitig in den Bereich des Symbolischen ein, da das Reale nie vollständig symbolisiert werden kann. Wir benutzen das Gesicht des anderen, um etwas zu verorten, das nicht allein im Gesicht entstanden ist, sondern – wie Butler und Levinas argumentieren – in etwas jenseits der repräsentierten Subjektivität. Auch wenn Butler über das Gesicht im Kontext von Gewalt und Trauer schreibt, lässt sich ihre Diskussion mit der des Selfies und der Beziehung, die durch sie eröffnet wird, verbinden. Die Frage nach der Repräsentation wird noch verstärkt, wenn wir uns in Erinnerung rufen, dass es sich beim Selfie ja um eine digitale Kreation handelt, die das Subjekt in seiner Komplexität abbilden soll. Es gibt jedoch immer eine Lücke oder Distanz zwischen Repräsentation und dem, wer ich glaube, wirklich zu sein.

Das Selfie ist somit ein Versuch des Subjekts, sich in seiner nackten und rohen Verletzlichkeit dem anderen darzubieten, und eine Aufforderung an ihn: »Sieh mich und erkenne mich an!« Im Gegenzug kann es dies dem anderen auch zukommen lassen, etwa wenn es andere Selfies kommentiert. Die Zweifel, ob es sich um ein schönes, gutes oder sexy Selfie handelt, sollen die anderen User tilgen, indem sie Anerkennung offerieren. Natürlich können Selfies auch dazu dienen, sich gegenseitig zu überwachen. Auch posten viele Menschen ständig Selfies, wobei es immer noch ein besseres Selfie, noch mehr Likes oder Kommentare geben könnte. Die erhoffte Anerkennung bleibt zudem oftmals aus, wenn z. B. keine Kommentare oder Likes folgen, oder wenn User beschämt oder kritisiert werden. Selfies bergen somit auch immer ein gewisses Risiko und kosten Überwindung.

Amateurpornografie als Gipfel der Enthemmung?

Die Produktion erotischer Schriften und Bilder ist jahrhundertealt. Seit dem Aufkommen des schnelleren Internets Mitte der 1990er Jahre ist allerdings eine Explosion in der Produktion und Rezeption digitaler Pornografie zu beobachten. Pornos sind ein kontroverses Thema, und vor allem Mainstream-Pornografie ist oftmals gewalttätig, frauenverachtend, rassistisch oder homophob. Ich bin nicht daran interessiert, hier eine »Pro«- oder »Contra«-Position darzulegen, sondern versuche Pornos psychoanalytisch auf ihren Ent/Hemmungsgrad hin zu befragen. Chris Vanderwees zeigt, dass »Online-Pornografie häufig darstellt, fördert und fordert, dass das Subjekt seinen Genuss aus dem Zusammenspiel von Fantasien des Sehens und Gesehen-Werdens durch die Schlüssellöcher der Technologie bezieht« (Vanderwees, 2019, S. 25). Vanderwees und viele andere sind davon überzeugt, dass unsere Kultur generell enthemmter, schamloser und exhibitionistischer geworden ist, wie auch die vielen Beispiele, die ich in diesem Buch diskutiere, verdeutlichen. Pornografie bildet da nur eine weitere Stufe. Von besonderem Interesse ist hier die Amateurpornografie, also Videos und Bilder, die nicht von professionellen Darstellern erstellt werden. Diese hat als Phänomen und mit dem zunehmenden Einfluss der sogenannten »Tube-Seiten«, wie PornHub oder YouPorn, stark zugenommen (Paasoonen, 2010). Man kann von professionell entwickelten Pornos halten, was man will, aber sie stellen für Profis zunächst erstmal einen Job dar, den diese mehr oder weniger lustvoll ausüben. Bei Amateuren verhält es sich anders, da diese meist einer regulären Arbeit nachgehen, wobei einige von ihnen ihre Tätigkeit auch zum Beruf gemacht haben. Worin liegt der Reiz für Menschen, das Intimste von sich einer anonymen Öffentlichkeit darzubieten? Es gibt wohl keine größere Stufe der Enthemmung. Man könnte argumentieren, dass es sie einfach sexuell erregt, beobachtet oder gesehen zu werden, und sich auch selbst zu sehen – jedoch ist dies aus meiner Sicht nicht der einzige Grund. Für Konsumenten liegen die Motive, Amateurpornos zu schauen, darin, dass diese »realer« und »authentischer« wirken als professionell produzierte. Sie zeigen »echte« Menschen in ihrer Diversität – und es sind gerade die schlechten Produktionsbedingungen (z. B. die fehlende professionelle Beleuchtung oder weniger hochwertige Kameras), die den Reiz ausmachen (ebd.; Hofer, 2016). Nach Paasonen sind es Amateurpornos, die

> »ein Gefühl der Authentizität durch schlechte technische Ausführung und die Darstellung gewöhnlicher, unvollkommener Körper hervorrufen, während sie gleichzeitig Konventionen, die aus der kommerziellen Pornografie bekannt sind, weitergeben und wiederholen. In einer paradoxen Dynamik nähert sich der Amateurporno den allgemeinen Konventionen des Pornos (in Bezug auf Posen, Gesten und Handlungen) an, um als solcher anerkannt zu werden, während er sich gleichzeitig von ihnen unterscheidet und Alternativen zu ihnen bietet (als etwas Authentischeres, Roheres und Realeres)« (2010, S. 1305).

Somit gibt es gleichzeitig Unterschiede und Gemeinsamkeiten zwischen Mainstream- und Amateurpornografie. Kristina Pia Hofer äußert sich ähnlich über analoge Amateurpornografie im Österreich der 1980er Jahre: »Schließlich versprachen die mutmaßlich privat motivierten und unabhängig agierenden Produzenten-Darsteller des Amateur-Videopornos der 1980er Jahre einen exklusiven Zugang zu realem sexuellem und emotionalem Austausch, statt sexuelle Nummern lustlos und als Teil des Berufs zu inszenieren« (2016, S. 264). Sicherlich gibt es auch viele Beispiele, bei denen sich Partner dazu drängen, solche Videos aufzunehmen. Oftmals sind sie auch gar nicht für die Öffentlichkeit bestimmt, sondern wurden als »Rachepornos« unwissentlich veröffentlicht. Ich möchte mich jedoch auf konsensuelle und scheinbar »gesunde« Amateurpornos konzentrieren.

Beim Amateurporno geht es um das Zusammenspiel von Exhibitionismus und Voyeurismus und das Aufbrechen der Dyade, sofern zwei Partner ein Video drehen. Traditionell hat die Psychoanalyse den Exhibitionismus oft als Form pathologischer Perversion betrachtet, da er oftmals andere verletzt oder traumatisiert, die ihm unwillkürlich ausgesetzt sind – etwa in der beschriebenen Form des *dick pics*. Exhibitionismus kann dazu dienen, Kastrationsangst abzuwehren. Nach Freud ist der Exhibitionismus auch ein natürliches frühkindliches Verhalten, da es quasi im Instinkt des Subjekts liegt, sich zu zeigen, und Lust zu empfinden, andere zu sehen. Hier ist das Auge quasi die erogene Zone. Die Form des digitalen Exhibitionismus im Amateurporno ist keine Perversion oder als pathologisch zu verstehen, da die Personen sich ja willentlich einem wissenden Publikum präsentieren. Man könnte mutmaßen, dass es hier auch um Anerkennung geht; Anerkennung, die vor allem mit und über Sexualität erlangt wird. Das selbstproduzierte Video ist nicht nur Zeichen der intersubjektiven Erregung und Lust der Partner – andere, anonyme User sind auch erregt und finden die Personen »heiß«, so zumindest die Idee. Somit wird die Dyade erweitert und eine Art post-ödipale, digitale Sexualität geschaffen (Johanssen & Krüger, 2022).

Was ist Pornografie?

Bevor diese Form des Exhibitionismus näher analysiert werden kann, ist es hilfreich, einen kurzen Exkurs dahingehend zu unternehmen, was Pornografie eigentlich ist. Nach Elizabeth Cowie (1992) betrachtet die Psychoanalyse Sexualität nie bloß als pure Triebbefriedigung oder instinktiven Prozess. Sexualität wird überhaupt erst durch Fantasien ermöglicht. Bei Sexualität geht es nicht (nur) um biologische Prozesse oder Orgasmen, sondern um »das Begehren nach Lust« (ebd., S. 136). Es ist die Fantasie, die auch ihren Ursprung im kindlichen Sehen und Gesehen-Werden hat, die Begehren in Bewegung setzt. Gerade deshalb sind Pornos so faszinierend.

> »Es ist der Wunsch, erregt zu werden, und der Wunsch, sich ein Szenario sexueller Aktivität vorzustellen, welchen Pornografie bedient, so dass der Höhepunkt eine Art Unterbrechung ist, die allerdings auch das System aufrechterhält. Das Vergnügen der sexuellen Fantasie und der Pornografie wird um seiner selbst willen begehrt und nicht als einfaches Mittel zur körperlichen sexuellen Befriedigung« (ebd.).

Anders als herkömmliche sexuelle Tagträume oder Fantasien liefern Pornos an sich bestimmte vorgefertigte Fantasien bzw. kann das Publikum gezielt nach bestimmten Szenarien,

Fetischen, Kontexten usw. suchen. Jedoch ist dies nie so rational, wie es den Anschein erweckt. Das »was Menschen zu Pornos hinzieht, [ist] immer das schmerzhaft-vergnügliche, angenehm-schmerzhafte Begehren [...], mit etwas konfrontiert zu werden, das über das hinausgeht, was man sich vorgestellt hat« (Johanssen & Krüger, 2022, S. 189). Pornokonsum ist daher nie kontrollierbar oder von rein bewussten Prozessen gelenkt. »Das pornografische Bild ist [...] ein Zeichensystem und ein Fantasieszenario. Was dargestellt wird, ist nicht das Objekt des Begehrens, sondern ein Szenario, in dem bestimmte Wünsche präsentiert werden« (Cowie, 1992, S. 136). Cindy Patton äußert sich ähnlich, wenn sie schreibt, dass »Pornos nicht so sehr realistisch [...], sondern ein Spiegel von Aktivitäten sind, die wir uns vorstellen, aber nicht beobachten können, wie wir sie ausüben« (1991, S. 377). Obgleich Pornografie oftmals problematisch ist, kann sie dem Subjekt doch helfen, mehr oder Neues über die eigenen sexuellen Vorlieben herauszufinden:

> »Wo die widerspenstige Ästhetik der Pornografie von ethischer Bedeutung sein kann, ist dort, wo sie dem Subjekt etwas über die Wahrheit seines Begehrens und seines *objet a* jenseits der sozio-symbolischen Werte von ›guten‹ Darstellungen oder politisch ›schlechter‹ Pornografie beibringen kann. [...] Es stellt sich also die Frage, die im Zentrum einer psychoanalytischen Ethik steht, wenn es um die Beziehung des Subjekts zu dem Ding und den Umgang mit dem Begehren geht: Ist das Über-Ich des Subjekts in Bezug auf den Genuss stärker als seine Verpflichtung gegenüber der Wahrheit seines Begehrens?« (Horbury, 2019, S. 94f.)

Pornos können somit durchaus zu mehr Transparenz und Wissen über diese Wahrheit des Begehrens beitragen. So lassen sich auch selbstproduzierte Pornos einordnen. Die Darsteller haben wohlmöglich andere Amateuraufnahmen gesehen und sind anschließend selbst aktiv geworden. Natürlich spielt auch das Voyeuristische bei wiederholtem Pornokonsum eine Rolle sowie die Frage, inwieweit dieses auch dazu dient, eigene unbewusste Konflikte zu negieren oder die Herrschaft über den eigenen Körper zu erlangen (Fenichel, 1995), wenngleich dieser Punkt in meiner Argumentation weniger relevant ist.

Ähnlich wie Horbury sieht auch Slavoj Žižek ein gewisses Potenzial in jeglicher Form von Pornografie:

> »Der Antagonismus, der in der Pornografie am schwierigsten aufrechtzuerhalten ist, besteht darin, dass sie die ›Einheit der Gegensätze‹ in ihrer radikalsten Form darstellt: Einerseits beinhaltet die Pornografie die totale Externalisierung der intimsten Erfahrung der Lust (es für Geld vor der Kamera zu machen); andererseits ist die Pornografie gerade wegen ihrer ›Schamlosigkeit‹ wahrscheinlich das utopischste aller Genres: Sie ist insofern wirklich ›edenisch‹, als sie die fragile und zeitweilige Aufhebung der Barriere beinhaltet, die das Intime/Private vom Öffentlichen trennt. Aus diesem Grund ist die pornografische Position unhaltbar: Sie kann nicht lange Bestand haben, denn sie beruht auf einer Art magischen Aufhebung der Regeln der Scham, die unser soziales Band konstituieren – ein geradezu utopisches Universum, in dem das Intime öffentlich gemacht werden kann, in dem Menschen vor anderen kopulieren können« (Žižek, 1997, S. 227).

Gleichzeitig ist Pornografie auch symptomatisch für den Geschlechtsverkehr als solchen, bei dem es immer ein drittes Element gibt: den Blick des großen Anderen. Nach Lacan ist Sexualität durch Fantasien und Normen geformt. »Sex ist immer minimal ›exhibitionistisch‹, auf den Blick des Anderen angewiesen« (ebd., S. 229). Somit existiert immer schon eine dritte Dimension beim Sex – und eine richtige, dyadische sexuelle Beziehung zwischen zwei Partnern kann es nicht geben (Lacan, 1986). Dabei ist jeder für sich mit den eigenen Fantasien und Praktiken beschäftigt, die den anderen zu einem lustvollen Objekt machen. Diese Fantasien und Praktiken sind immer vom Symbolischen und dem großen Anderen geformt und auch determiniert (Zupančič, 2017). Dieser Andere ist beim Sex immer dabei.

Von der Triade zur Unendlichkeit

Da es im Internet augenscheinlich so wenig Autorität und Verbote gibt, wird der Wunsch nach dem großen Anderen noch stärker (Flisfeder, 2021). Man kann Amateurpornografie in diesem Sinne auch als endgültiges Eingeständnis sehen, dass der große Andere nicht existiert. Er ist eine Fiktion, die den Wunsch nach Autorität ausdrückt. Analog zum Phänomen des Trollings sind Amateurpornos also nicht nur subversive, schamlose oder enthemmte Phänomene, die für manche den sozialen Kitt einer Gesellschaft auflösen, sondern eine (unbewusste) Provokation und Reizung, die den großen Anderen auf den Plan rufen soll. Nur in Momenten der Überschreitung und dem Brechen von Regeln wird das Subjekt mit dem erhofften Anderen konfrontiert (Johanssen & Krüger,

2022, S. 81–83). Dies führt zu einer Selbstobjektivierung des Subjekts: Durch die Produktion von Videos (aber auch von Selfies, Posts, Profilbildern usw.) wird es seiner selbst als Objekt gewahr und kuratiert eine Identität, die sich sowohl an andere User als auch an den großen Anderen richtet. Dies ist zweifelsohne bei Amateurpornos der Fall. Selbstproduzierte Pornos zeigen, wie einige Menschen auf die Krise des Symbolischen (Žižek, 1997) reagieren und sich un/bewusst sowohl dem Anderen als auch anderen Subjekten zuwenden.

Amateurpornos verdeutlichen auch auf andere Weise, dass der Andere beim Sex immer dabei ist. Die Darsteller imitieren und reproduzieren häufig Posen, Körperpraktiken, Geräusche oder Abfolgen, die sie von herkömmlichen Pornos abgeschaut haben. Eine wirkliche oder unberührte Sexualität kann es daher nie geben, sie ist immer vom Symbolischen und bestehenden Normen, Trends und Fantasien beeinflusst. In diesem Sinne sind solche Pornos nie wirklich realer oder authentischer als andere Genres.

> »Der sexuelle Akt in seiner ekstatischen Dimension ist also *nicht darstellbar*. Es handelt sich nicht einfach um reine Ekstase jenseits von Regeln, die niemals von einem äußeren, desinteressierten Blick eingefangen werden können. Das Zusammentreffen von (symbolischen) Regeln und Pathos ist per Definition ein gescheitertes: Nicht nur, dass das Befolgen der Regeln niemals den gewünschten Effekt garantiert; manchmal ist das gegenteilige Vorgehen, die direkte Hingabe an die Ekstase, sogar noch katastrophaler. Jedes gute Sex-Handbuch sagt uns, dass das Schlimmste, was ein Mann im Falle von Impotenz tun kann, ist, der Aufforderung zu folgen ›Vergiss alle

> Regeln und entspann dich einfach!‹ Viel effektiver ist es, das Problem rein instrumentell anzugehen, es als eine schwierige Aufgabe zu betrachten, die es zu bewältigen gilt, und es aus einer vorgetäuschten, desinteressierten Distanz zu diskutieren, es sogar als eine Art strategischen Schlachtplan zu Papier zu bringen« (ebd., S. 225).

Auch wenn ich Žižek nicht vollkommen zustimme, argumentiert er nachvollziehbar, wenn er im Sex immer eine immanente Hemmung verortet. Insofern sind gerade die Routinen und bestimmten Abfolgen vieler Amateurpornos Ausdruck von Hemmung und Unsicherheit in der Frage an den großen Anderen und auch an alle anderen User: »Was wollt ihr sehen?«, »Sind wir heiß und sexy genug?«, »Turnen wir euch an?«, »Haben wir die richtigen Körper?«, »Tun wir die richtigen Dinge?« Wie dem Selfie wohnt Amateurpornos auch eine Verletzlichkeit und ein ängstlicher Narzissmus inne. Die Tragik besteht darin, dass User oft auf vorherrschende Skripte ausweichen und damit einen sexuellen Konservatismus offenbaren, dem sie zwar nie ganz entkommen können, der jedoch spielerisch und subversiv verändert und gereizt werden kann, gerade weil ja der große Andere nicht existiert. Durch die Aufnahme des eigenen Geschlechtsverkehrs (sei es als Video, Audio oder Bild) schafft das Paar eine Art Darstellbarkeit und kann sich selbst sehen, was wir wiederum mit Formen des Exhibitionismus erklären können. Diese Externalisierung und Objektifizierung von Intimität ist zweifelsohne reizvoll für einige, da sie sich selbst in einer Situation sehen können – etwas, das ohne Kamera unmöglich wäre.

Abgesehen von den sexuellen Handlungen, die in den Videos vorgenommen werden, geht es bei ihnen auch immer um Anerkennung – vielmehr geht es aber um Exhibitionismus und *Aufmerksamkeit*. In der heutigen »Aufmerksamkeitsökonomie« ist Aufmerksamkeit zu einem hohen Gut geworden, in Sozialen Medien buhlen User permanent um diese, um danach Anerkennung zu bekommen. Bei selbstproduzierten Pornos im Netz erhofft sich das Paar die *unendliche* Aufmerksamkeit anderer. Ihre Videos können theoretisch für immer und ewig online bleiben – vielfach verbreitet, geliked, kommentiert und von einer endlosen Anzahl an anonymen Usern gesehen.

Aufmerksamkeit und die darauffolgende Anerkennung ist – wie Jessica Benjamin (1988, 2018) in ihren Arbeiten darlegt – ein grundlegendes Merkmal gesunder zwischenmenschlicher Beziehungen. Anerkennung äußert sich auf unterschiedliche Arten, eine davon ist Sexualität und sexuelles Verlangen (Benjamin, 1988, S. 128). »In der sexuellen Vereinigung können sich das Selbst und der Andere miteinander verflechten, verschmelzen und ganz fühlen. Der ultimative Sinn des Geschlechtsverkehrs besteht darin, eine Art transzendente Ganzheit zu erfahren« (Johanssen, 2023, S. 307). Wenn dieses Verlangen mediatisiert und digitalisiert wird, ändern sich auch seine Psychodynamiken. Sie mögen zwar die Produktion von Amateurpornografie oder Selfies beeinflussen und sind teilweise auch in Videos zu sehen, etwa wenn sich Darsteller mit Respekt, Aufmerksamkeit und Liebe begegnen, da sie auch im wirklichen Leben zusammen sind. Oftmals fehlen solche Elemente jedoch komplett.

In der britischen Comedy-Drama Serie *I Hate Suzie* (2020) gibt es eine Folge (S1, F4) in der die Hauptdarstellerin Suzie (gespielt von Billie Piper) masturbiert. Dieser Akt dauert fast die gesamte Folge und ist unterbrochen von

Suzies Fantasien und Gedanken. Es ist wichtig zu betonen, dass er nicht als pornografisch oder erotisch inszeniert wird, sondern auf eine eher nüchterne Weise: So wird kaum Haut gezeigt und der »männliche Blick« wird nicht bedient. Suzie stellt sich mittels »Kopfkino« als Hilfsmittel unterschiedliche erotische Szenarien vor, diese werden auch durch andere imaginäre, alltägliche Szenen unterbrochen, die sie als Kind oder im Gespräch mit einer Freundin zeigen. Sexualität und sexuelle Präferenzen erweisen sich dabei auch immer als von frühen Erfahrungen und Konflikten geprägt. Suzie durchläuft unterschiedliche Szenarien, aber keines scheint so richtig die erwünschten Effekte zu erzielen.

> »Alles, was du für sexy hältst, basiert auf dem, was Männer dir seit Tausenden von Jahren als sexy erzählen. Was glaubst du, was davon mit deinem Begehren, deiner Lust zu tun hat? Wohin gelangst du, wenn es von dir ausgeht?«,

fragt ihre Freundin Leila. Suzie schafft es nicht, zum Orgasmus zu kommen, und auch ihr Vibrator oder immer neue erotischen Fantasien helfen nicht, bis sie sich schließlich einen der ersten Momente in ihrer Beziehung zu ihrem Partner Cob in Erinnerung ruft. Der folgende Dialog führt dann zum Höhepunkt und löst Hemmung in Enthemmung auf:

> »Suzie: Bin ich nicht schön genug?
> Cob: Du bist so schön.
> Suzie: Bin ich nicht clever genug?
> Cob: Du bist so clever.
> Suzie: Bin ich nicht glücklich genug?

Cob: Du bist so glücklich.

Suzie: Ich liebe dich.

Cob: Ich liebe dich.«

Diese Folge (und die Serie generell) wurde(n) medial sehr positiv besprochen. Sie verdeutlicht etwas, was im Rahmen von Pornografie – und vielleicht auch mit Blick auf Sexualität im Allgemeinen – oft fehlt: Aufmerksamkeit und Anerkennung, und dass das Subjekt in seiner Einzigartigkeit und Verletzlichkeit wahrgenommen und anerkannt wird. Bei Amateurporno-Darstellern herrscht ein ähnliches Begehren nach Aufmerksamkeit wie bei Suzie.

Verlangen nach Aufmerksamkeit – aber in Bezug auf was?

Das Streben und Verlangen nach Aufmerksamkeit ist heutzutage oft negativ konnotiert; es wird als exzessiv angesehen, gerade wenn konkrete Formen und Akteure wie Selfies, Influencer oder Soziale Medien innerhalb der *traditionellen* Medien diskutiert werden. Wenn jemand ein übersteigertes Aufmerksamkeitsbedürfnis hat, wird die Person oft als »narzisstisch«, »egoman«, »beziehungsunfähig«, »provokant« oder »schrill« tituliert. Im Englischen gibt es das Schimpfwort der *attention whore*, der »Aufmerksamkeitshure«. Solche Diskussionen sind zu simpel und nicht hilfreich. Aufmerksamkeit hat immer mit anderen inneren und äußeren Prozessen des Subjekts und seiner Umwelt zu tun. Der britische Psychoanalytiker Adam Philips beschreibt das Streben nach Aufmerksamkeit als »eine Art, etwas zu wollen, ohne immer zu wissen, was es ist« (Phillips, 2019, S. 13), und was in uns denn genau mit Aufmerksamkeit bedacht werden soll. Es ist die voyeuristische Aufmerksamkeit zusehender anderer, welche die Darsteller in Amateurpornos sexuell erregt. Dabei ist es vielleicht gerade die anonyme Masse von Voyeuren, die so erregend ist und viel Raum für Spekulationen bietet.

> »Sich für die Aufmerksamkeit zu interessieren, bedeutet, sich für die Arbeit, den Erfindungsreichtum des Wollens und die Wahrnehmung, die sie begründet und informiert, zu interessieren. Und anzuerkennen, dass das, was wir vielleicht wollen, noch nicht existiert. Dass das Wollen das Machen erfordert« (ebd., S. 22).

Insofern ist die Produktion erotischer Videos auch eine kreative Leistung, bei der jedoch nie ganz klar ist, worin denn genau ihr Ziel besteht und *worauf genau* die Aufmerksamkeit abzielt. Obgleich die Aufmerksamkeit virtuell und auch gewissermaßen unsichtbar bleibt, ist dies gerade wichtig für die Darsteller: Der Upload der Videos (oder Bilder, oder Audio-Dateien) *verheißt* Aufmerksamkeit als Fantasie, und diese Fantasie wird dann meist Realität, da andere das Video sehen (die Anzahl der Aufrufe wird angezeigt), kommentieren und liken können. Die Fantasie wird quasi objektifiziert und sichtbar. Es bleibt dennoch etwas Mystisches und Unverwertbares, wie genau die Aufmerksamkeit sonst aussieht, da die Zuschauer anonym und in ihrem Akt des Konsums vollständig unsichtbar bleiben. Warum genau sie ein Video schauen oder was genau sie erregt, können die Darsteller (und die Zuschauer selbst) nie erfahren. Die Darsteller sind somit auf die Zuschauer angewiesen und gehen eine Art unsichtbaren Pakt mit ihnen ein, einen Pakt, der erregend und unerreichbar ist. Somit wird ihr

Begehren nach Aufmerksamkeit auch nie ganz befriedigt, da ein Quantum Mystik immer bestehen bleibt. Ich denke, dass es sich hierbei nie nur um Aufmerksamkeit mit Blick darauf handelt, gesehen zu werden, während man Sex hat. Dies ist sicher erregend, doch die Aufmerksamkeit und ihr Wunsch gehen tiefer. Es ist auch immer ein Wunsch nach Aufmerksamkeit, der mit Exhibitionismus nichts zu tun hat, sondern das Subjekt an sich betrifft. Das Paar (oder ein Individuum, wenn es sich etwa um Einzelvideos handelt) will gesehen, anerkannt und geliebt werden. Wenn man nicht als (sexuelles) Subjekt gesehen wird, das begehrenswert erscheint, existiert man nicht, so das weit verbreitete kulturelle Narrativ. »Wenn dieser Blick über einen hinweggeht, wenn man von der Gesellschaft insgesamt sexuell unsichtbar gemacht wird, dann wird einem die gesamte Persönlichkeit abgesprochen« (Cahill, 2011, S. 84). Auf der anderen Seite sind solche Praktiken auch sehr riskant, da sie, einmal ins Netz gestellt, unkontrollierbar werden. Dies ist auch wieder eine unbewusste Aufforderung an den großen Anderen: »Sieh, wie wir Tabus brechen, bestrafe uns!« Eine Bestrafung, die so nie eintritt. Solche selbstproduzierten Inhalte sind Ausdruck der Hoffnung als sexuelles Subjekt gesehen zu werden. Sie richten sich auch an das Lacan'sche Gesetz (siehe vorheriges Kapitel) und den »Namen des Vaters«, der das Subjekt ein für alle Mal sehen und anerkennen soll und alle Zweifel angesichts des Enigmas der Sexualität ausräumen soll.

Pornografie und Psychosexualität

Amateurpornografie – obgleich stark auf dem Vormarsch vor allem als kommerzielles Modell – ist dennoch ein Genre unter vielen anderen. Abschließend sei deshalb noch ein Blick auf Internetpornografie im Allgemeinen in Relation zur psychosexuellen Entwicklung junger Menschen geworfen. Internetpornografie kann besonders schädliche Folgen haben, wenn junge und adoleszente Menschen mit ihr konfrontiert sind. Diese sind ihrer Sexualität noch stark gehemmt bzw. in der Entwicklung begriffen und sehen nun eine Vielzahl an Praktiken und Darstellungen, die komplett enthemmt und zugleich in ihrer Tragweite nicht zu verstehen sind. Obgleich »Pornosucht« und die Frage, inwieweit diese existiert, strittig diskutiert werden, beschreiben sich mittlerweile tausende Menschen, vor allem Männer, als pornosüchtig.

Pornos üben eine große Anziehung auf bestimmte Menschen aus. Diese Anziehung ist leicht zu verstehen, da Pornos intensiv visuell stimulierend, aufreizend und auch immer »verboten« wirken. All dies spricht auch Subjekte in der Adoleszenz an. In Diskussionen über Pornos haben Psychoanalytiker diese oftmals pathologisch betrachtet; dies ist insofern verständlich, als dass sie Patienten haben, die exzessiv oder in anderer schädlicher Weise solches Material konsumieren. Bei pathologischem Pornokonsum geht es oftmals um das Begehren nach perfekter Spiegelung eigener sexueller Fantasien im Porno:

> »Das angestrebte Szenario kann als die äußere Repräsentation der inneren sexuellen Fantasie oder des ›Drehbuchs‹ betrachtet werden, jener besonderen Konfiguration von Charakteren, Affekten und Aktivitäten, die aufgrund der Sexualität, der Geschichte und der Identifikationen der betreffenden Person mit der Fähigkeit zur Erregung beauftragt ist« (Wood, 2021, S. 145f.).

Weil sich der junge Mensch noch in der psychosexuellen Entwicklung befindet, kann übermäßiger Konsum diese hemmen und beeinträchtigen. Gekoppelt mit dem Selfie und dem oftmals herrschenden Drang, sich online und offline in der Peergroup und darüber hinaus als phallisch und begehrenswert zu präsentieren, führt dies zu Zwängen und Ängsten, die schwer zu kompensieren bzw. zu sublimieren sind. In der Pubertät und Adoleszenz stellt pathologischer Konsum oftmals eine »sexualisierte Lösung« (ebd., S. 147) für andere Probleme dar. Das Subjekt kann sich ablenken und etwas abwehren, während es gleichzeitig, vor allem durch Masturbation, Macht über den eigenen Körper und somit auch das eigene Leben erlangt. Eigene sexuelle Fantasien und Szenarien werden somit geblockt bzw. durch Repräsentationen ersetzt. »Internetpornos nehmen eine kompensatorische Qualität an, während sie auch weiterhin symbolischere, abstrakte, verinnerlichte Formen der Selbstregulierung untergraben« (Sugarman, 2021, S. 185). Es ist gerade die pubertäre Phase der psychosexuellen Entwicklung, die im Zeitalter allgegenwärtiger Pornos und Selfies nachträglich beeinflusst werden kann. Die Jugendzeit ist an sich immer »fremdbestimmt selbstständig« (Jurczyk & Zeiher, 2019, S. 1) oder ent/hemmt. Hierbei geht es auch um Körperlichkeit:

> »In der Adoleszenz erlangt der Körper besondere Bedeutung. Denn am Ende der Kindheit sind Jugendliche in verstärktem Maße konfrontiert mit den Veränderungen des Körpers und den damit verbundenen kulturellen Bedeutungen (etwa, was es heißen kann, kein Kind mehr zu sein, einen weiblichen oder männlichen geschlechtsreifen sexuellen Körper zu haben) und

> den entsprechenden Möglichkeiten, Verheißungen und Begrenzungen« (Benzel & King, 2019, S. 4).

Der Körper wird in dieser Phase zu einem teilweise unkontrollierbaren Objekt, das sowohl externalisiert und internalisiert wird. Dies ist auch hinsichtlich sexueller Entwicklung und Erregung der Fall, die sich nie ganz kontrollieren lassen. Es kommt zu einer Lücke zwischen Selbsterleben und Selbstbild (King, 2013; Lemma, 2017). Die Pubertät ist eine Zeit intensiver Krisen und Entwicklungen für junge Menschen, bei denen es vor allem darum geht, ein neues Verhältnis zum eigenen Körper zu entwickeln. Es sind vor allem Jungen und junge Männer, die in dieser Phase des Umbruchs pathologische Nutzungsweisen hinsichtlich Pornografie offenbaren können. Pathologisch konsumierte Internetpornografie

> »schürt die Fantasie von einem idealisierten Objekt, in das die Person eindringen, mit dem sie verschmelzen, in dem sie sich verlieren kann, dass scheinbar sowohl die Auslebung feindseliger sadistischer Impulse als auch die Sexualität an sich aushalten kann, während das Selbstbewusstsein und die Scham über solche Impulse umgangen zu werden scheinen« (Wood, 2021, S. 157).

Die Psychoanalytikerin Alessandra Lemma (2017) arbeitet hierzu ebenfalls und schreibt, dass gerade in der Krisenzeit der Pubertät das Subjekt nach Spiegeln sucht, in denen es sich und seine Sexualität wiederfinden kann, da diese Funktion nicht mehr von den Eltern übernommen wird. Sie diagnostiziert eine wachsende Unsicherheit junger Menschen hinsichtlich Sexualität und Beziehungen:

> »Meine Erfahrung aus der Arbeit mit Jugendlichen in der Zeit vor und nach dem Internet ist, dass wir heute eine wachsende Zahl junger Menschen sehen, die sehr verwirrt über ihre sexuelle Identität sind, die Schwierigkeiten haben, Beziehungen zu beiden Geschlechtern aufrechtzuerhalten, und die verzweifelt sind, dies aber durch die Identifizierung mit bestimmten Gruppen sexueller Identität bewältigen« (ebd., S. 61).

Das Internet kann sicherlich als Spiegel fungieren, da es eine Vielzahl an hilfreichen Inhalten zur sexuellen Aufklärung gibt. Pornografie kann jedoch nicht als so ein Spiegel angesehen werden. Hier kommt hinzu, dass in der Phase pubertärer sexueller Entwicklung das Subjekt seinen sexuierten Körper und seine Sexualität weiterhin entdeckt und verstehen lernt. In Pornos wird es nun mit einer komplett vorgefertigten, enthemmten Sexualität konfrontiert, die auch noch oftmals höchst problematisch, stereotypisiert und toxisch ist. Diese Sexualität repräsentiert oftmals eben nicht die gegenwärtige Phase der psychosexuellen Entwicklung. Es müsste sich um eine zögernde, fragende, offene, ängstliche, schamvolle, fehlerhafte, lustige und dennoch erotische Sexualität handeln, die so wohl nie in Pornos abgebildet wird. Hier wäre eine nichtphallische Form der Sexualität hilfreicher (am Ende des Kapitels zeige ich, wie eine solche Form der Sexualität aussehen könnte).

Elfriede Löchel (2019, S. 40) legt nahe, dass sich eine gegenwärtige »Dominanz externer Steuerung auf Kosten intrapsychischer, ich- und über-ich-betonter Regulierung« beobachten lässt, die vor allem durch digitale Plattformen auftritt und geformt wird. Pathologischer Pornokonsum ist dabei beispielhaft für eine solche externe Steuerung bzw. auch Hemmung von Affekten, Fantasien und Kreativität, da keine eigenen sexuellen Fantasien symbolisiert, oder auch andere Probleme, auf die der Pornokonsum verweist, verdrängt werden (Lemma, 2021; Sugarman, 2021; Wood, 2021). Dies kann zur Folge haben, dass sich das Subjekt fortwährend mit einer Kluft zwischen hypersexualisierter Porno-Realität und realem Leben und Sex konfrontiert sieht, die es nicht überwinden kann. Alan Sugarman geht davon aus, dass dies auch zur Folge haben kann, dass Sublimierung, Affektregulierung und Symbolisierung nicht ausgeprägt werden. Pornokonsum und Masturbation sind somit externe Formen von Affektregulierung, die auf die Verdrängung ödipaler Konflikte und von symbolischer Kastration abzielen. Jugendliche werden bei ihrem Konsum nicht gesehen und können sich dem »generalisierten Anderen« (King, 2016, S. 72) im Netz und außerhalb zeitweise entziehen. Dem Druck der Peergroup und eigener, Über-Ich-geformter Gebote kann somit zeitweise entkommen werden. Während das Selfie eine wahrscheinlich bessere Antwort auf solchen Druck darstellt – nämlich die Hinwendung zum Sozialen mittels einer zugleich unsicheren und selbstbewussten Geste der Selbstinszenierung –, markiert der exzessive Pornokonsum das genaue Gegenteil: die Flucht in ein inneres Vakuum (Steiner, 1993), wo dem Über-Ich und anderen Instanzen entkommen werden soll.

Gerahmt wird dies insgesamt von einer weitreichenden Diagnose der Pornografisierung. Ästhetik, Praktiken und Enthemmungsdynamiken des Pornografischen haben Sexualität – und das, was Jean Laplanche (1989) nach Freud »vergrößerte« Sexualität nennen würde – geprägt. Dies äußert sich im Bereich der Mode, in sexuellen Praktiken, die nun dem Mainstream zugerechnet werden können, in plastischer Chirurgie der primären und sekundären Geschlechtsorgane (»Designer-Vagina«, *brazilian butt lift* und Brustvergrößerung), und auch in Phänomenen wie »Belfies« (»*butt*-Selfies«), Nacktbildern und »Sexting«-Nachrichten (erotische Nachrichten), die Teenager austauschen. All diese Beispiele verkaufen die Performativität von individueller Sexualität als Selbstermächtigung – sowohl für Frauen als auch für Männer. Rosalind Gill (2007) zeigt, wie diese Praktiken Teil der neoliberalen Ideologie des Postfeminismus sind, der die narzisstische Internalisierung eines sexistischen und heteronormativen Blicks auf den eigenen Körper als Macht und etwas Progressives ansieht. Diese Entwicklungen sind von Debatten begleitet, die diskutieren, inwieweit sie schädlich oder positiv sind (Johanssen, 2023, S. 104–109). Jugendliche werden hier oftmals aufgrund des Gruppendrucks oder internalisierten Fantasien zu Dingen gedrängt, die sie eigentlich gar nicht wollen. Elfriede Löchel beschreibt eine Szene aus dem Film *Disconnect* (2014), die dies illustriert:

> »Während er sich für das ›Selfie‹ auszieht, wird sein kindlich-weicher, rundlicher Rumpf gezeigt, völlig diskrepant zu dem mit dem Foto erhobenen Anspruch, sich als Liebessklave zur Verfügung zu stellen. Umso tiefer fällt er in der folgenden Entblößung. Nicht nur seine Kleinheit und Naivität, sondern auch seine gierige Sehnsucht, groß und potent zu sein, ist [sic!] sichtbar geworden« (Löchel, 2019, S. 36).

Die Gefahr ist nicht nur, dass etwa Nacktbilder, die nur für eine Person bestimmt waren, herumgereicht, sondern vor allem, dass solche Erfahrungen nicht aufgefangen und contained werden – weder im Netz noch außerhalb. Weder Selfies noch Amateurpornos oder Pornografie allgemein sind *per se* gefährlich oder pathologisch. Dennoch sind sie oftmals problematisch, wenn sie zu Objekten fantasiert werden, die sie nicht sind, oder wenn ihnen Eigenschaften zugeschrieben werden, die sie eigentlich gar nicht haben. Es ist daher hilfreich, über andere Formen digitaler Sexualität nachzudenken.

Überlegungen zu anderen Formen digitaler Sexualität

Die hier diskutierten Beispiele drehen sich auch immer um Fragen der Fremd- und Selbstobjektifizierung. Objektifizierung ist ein immanenter Bestandteil psychischer Dynamiken und vor allem von Sexualität, der keineswegs pathologisch sein muss. Im Zeitalter des Plattformkapitalismus bergen Selfie und Porno erhebliche Risiken, da auch immer eine Objektifizierung und Verdinglichung zur Warenform seitens der kommerziellen Plattformen stattfindet, die an den Userinhalten viel Geld verdienen (Fuchs, 2014). Abschließend möchte ich darum über andere Formen digitaler Sexualität nachdenken, die weniger pathologisch, risikoreich, kommerziell ausgebeutet und stereotypisiert sind. Diese können eine digitale Sexualität ermöglichen, die es eher erlaubt, dass das Subjekt eigene (sexuelle) Fantasien entwickelt bzw. diese mit digitalen Inhalten anreichert und somit anders symbolisiert – anstatt komplett von Bildern und Videos kolonisiert zu werden.

Sexualität wird immer digital mediatisiert sein – es führt wohl kein Weg in ein »Davor« zurück. Die Psychoanalytikerin Ruth Stein bringt den Begriff des »Unvergessens« (2007) ins Spiel, den sie gebraucht, um zu diskutieren, inwieweit Paare eine erloschene Leidenschaft wiederbeleben können. Sie definiert das »Unvergessen« als eine sinnlich-körperliche Erfahrung, die wir auch mit »Enthemmung« beschreiben könnten:

> »Es ist das ergreifende Vergnügen, das man beim Urinieren empfindet, während man die Freuden der Hingabe unvergisst, die mit dem freien Urinieren einhergehen, ohne die Beschränkungen eines angemessenen Ortes, der Privatsphäre und der Wartezeit, die mit der Überwindung unserer gewohnten Unaufmerksamkeit gegenüber dieser Empfindung einhergehen. Ich behaupte, dass man, um diese Erfahrung zu machen, unvergessen muss – man muss zu dem lange unterdrückten Vergnügen zurückkehren, damit es in der Fantasie und in der sinnlichen Erfahrung wiederhergestellt werden kann. Das Vergessen fördert durch enthemmtes Erinnern diese quasi ursprünglichen Empfindungen zutage, und das Schwindelgefühl der Grenzenlosigkeit, das mit ihrer Wiederherstellung einhergeht« (ebd., S. 774f.).

Stein beschreibt, was es bedeutet, den eigenen Körper neu zu entdecken und von einer ständigen Verschmelzung mit dem Digitalen Abstand zu nehmen, zu einer infantilen, polymorph-perversen Sexualität, wie Freud sie beschrieben hat, zurückzukehren, die davon abrückt, Körper und Sexualität nur als phallisch und in wenige erogene Zonen eingeteilt zu erleben, sowie die eigenen Vorstellungen und Fantasien, wie »richtige« Sexualität auszusehen hat, zu überwinden und zu enthemmen. Dies ist vor allem wichtig, wenn es um Sexualität jenseits autoerotischer Szenarien geht. Stein umreißt hier eine Form der Enthemmung, die das Über-Ich ein stückweit ignoriert, kurzum: eine andere Form des Erotischen (siehe auch Rambatan & Johanssen, 2021, Kapitel 7; Johanssen & Krüger, 2022, Kapitel 7). Diese Art der Sexualität ist immer von Exzess und Andersartigkeit bestimmt, wie viele Psychoanalytiker betonen (Frommer, 2007; Stein, 2007, 2008; Benjamin, 2018) – dieser Exzess wird hier jedoch nicht als immer schon durch den Lacan'schen Anderen symbolisiert verstanden. Es sind gerade diese exzessiven und anderen Dimensionen, die durch bestehende Repräsentationen von Sexualität, wie etwa Pornografie, immer zu einem gewissen Grad gehemmt und getötet anstatt belebt werden. Martin Stephen Frommer (2007) schreibt, dass in Zuständen körperlicher Lust und Erregung das Subjekt auch immer mit rätselhaften und fremden Erfahrungen der eigenen Subjektivität konfrontiert ist. Der Porno verspricht dem Subjekt gerade, diese Zustände zu be-deuten und zu symbolisieren, jedoch sollten und können sie nie vollständig symbolisiert werden. Das Subjekt ist in solchen Momenten ganz bei sich und doch weit von sich entfernt. Lustvolle Erfahrung und das Erleben von Lust sind bei alldem weitaus komplexer und stehen immer mit der Psyche des Subjekts in Verbindung:

> »Lustvolle Erfahrung entsteht aus den psychischen Überbleibseln der immer wiederkehrenden Interaktionen zwischen normativen gesellschaftlichen Kräften und dem psychischen Leben, die sowohl befürchtete als auch tatsächliche narzisstische Verletzungen und psychische Traumata beinhalten. Die Neben-

> produkte dieser psychischen Verletzungen, die untrennbar mit den Verletzungen des eigenen Selbstverständnisses entlang der Geschlechtergrenzen verbunden sind, finden im Kontext der Lust ein Zuhause. Die Lust versucht aus unterschiedlichen Motiven, problematische Aspekte der Selbsterfahrung wieder zu aktivieren. Sie versucht, ein beschädigtes Selbstgefühl zu reparieren, verleugnete Aspekte des Selbst zurückzufordern, die psychischen Konflikte zu lösen oder zu unterlaufen, die von frühen Verletzungen des Selbstgefühls herrühren, und/oder sich für erlittenes Unrecht zu rächen« (ebd., S. 643).

Lustvolle Erfahrungen haben somit immer – und natürlich gerade dann, wenn das Subjekt alleine ist – ihren Ursprung in der Alterität des Subjekts selbst anstatt nur im anderen Subjekt (etwa dem Partner). Natürlich sind diese Erfahrungen durch das Soziale beeinflusst (Normen, Medien, andere Menschen usw.), jedoch werden sie immer vom Subjekt un/bewusst internalisiert und sind nur ein Teil seiner Sexualität. Folglich ist Sexualität immer mehr und vielschichtiger, als Repräsentationen abbilden können. Aus diesem Grund meine ich, dass es sinnvoll ist über andere Formen der (mediatisierten) Sexualität nachzudenken – eine Sexualität, die fluider und offener wird. Diese Art – oder vielmehr *Wiederentdeckung* – der Sexualität sollte auch im Kontext sexueller Aufklärung vermittelt werden. Hier finden sich bereits viele gute Inhalte im Internet, die z. B. deutlich machen, dass Pornos nicht immer die Realität abbilden oder Praktiken darstellen, die man nicht imitieren muss, wenn man nicht will. Dennoch kann hier sicherlich mehr getan werden, um zu vermitteln, dass Sexualität immer exzessiv und rätselhaft sein muss, damit Lust bestehen bleibt (Stein, 2007). Die Szene aus *I Hate Suzie* wäre hier vielleicht ein Beispiel, wie man Sexualität auch visuell anders abbilden kann. Und selbstverständlich gibt es auch queere, feministische oder »ethische« Pornografie. Dennoch bezweifle ich, dass Pornos gerade bei jungen Menschen in ihrer sexuellen Entwicklung hilfreich sind. Sie mögen gewisse Lerneffekte haben, beeinflussen Fantasien aber deutlich stärker aufgrund ihres visuellen Charakters. Aus diesem Grund ist es vielleicht sinnvoll, Audio-Inhalte psychoanalytisch als progressivere Form des erotischen Entertainments zu verorten, da diese das Exzessive der Sexualität nicht – oder anders – abbilden können. Dabei will ich keinesfalls das Auditive gegenüber dem Visuellen priorisieren – Menschen reagieren unterschiedlich auf verschiedene Medientypen, sondern es als eine interessante Nischenform diskutieren (siehe auch Taylor, 2018, S. 278). Audio-Pornos oder -Erotik sind zwar auch nur bloße Stimuli, jedoch bieten sie andere Formen des »Kopfkinos« und sind Anknüpfungspunkte für sexuelle Stimulation, ohne diese total zu kolonisieren: »Musik, Klang- und Schwingungskräfte konstituieren einen sexualisierten Körper und eine stets kontextualisierte Fähigkeit, intensives Vergnügen zu erwecken, sexuelles Verlangen zu bezeichnen und vielleicht auch zu erfüllen« (ebd., S. 280). Somit entsteht auch eine fragilere Intimität zwischen Hörern und Inhalten, da eigene Bilder im Kopf entstehen – oder vielleicht gerade nicht, da nur die Stimmen und Geräusche angehört werden. Insbesondere durch den Akt des Hörens – und dies geht über erotische Inhalte hinaus – kann das Subjekt einen höheren Grad der Verschmelzung mit dem Gehörten eingehen und wird besonders auf affektiver Ebene beeinflusst, sodass Fantasien und eine andere Form der Erregung entstehen können. So entwickelt sich ein anderer »Übergangsraum« (Winnicott, 2002), der weniger auf dem Visuellen basiert. Jan Jagodzinski schreibt über das Musikhören, basierend auf dem Konzept des »Haut-Ichs« von Didier Anzieu (2016):

> »Das Orale und das Aurale sind auch durch den audio-phonischen Körper des Haut-Ichs [und des Subjekts an sich; J.J.] eng miteinander verbunden. Mund und Ohr werden durch die Stimme vermittelt und bilden einen klanglichen virtuellen Körper, der durch die ständigen Schwingungen [...] geformt wird« (2005, S. 39).

Musikhören ist vor diesem Hintergrund immer zugleich virtuell und sinnlich – und es ist gerade die körperlose Stimme, die eine bestimmte Art der Schönheit transportieren kann, ganz gleich, ob man den Menschen sieht oder nur hört. So verhält es sich auch bei Audio-Pornografie und ähnlichen Inhalten, die das Subjekt auf andere Weise »penetrieren« als herkömmliche Pornofilme. Die Stimmen und Geräusche werden nur über das Ohr wahrgenommen und nicht auch über das Auge. »Musik ist der zentrale Punkt, an dem die Stimme das Wort übersteigt, um das Gesetz zu übertreten und zu übertreffen« (ebd., S. 33). Trieb und der Wunsch erregt zu werden, wie mit Cowie diskutiert, kommen hier anders zusammen. »Die mächtigste, kraftvolle Musik versetzt den Hörer auf die Barriere zwischen dem Realen und dem Imaginären [...]. Die Worte als Signifikanten behalten nicht mehr ihre Bedeutung, sondern schwappen in ihre Exzesse über« (ebd., S. 66). In diesem Sinne können Stimme und Geräusche der anderen, die man hört, in kreativerer Weise objektifiziert werden als bei Pornofilmen. Dies bedeutet auch, dass sich das Subjekt anders objektifiziert. Audio-Inhalte sind fremder und rätselhafter als visuelle, da sie eben keine bildlichen Repräsentationen liefern. Somit kommen sie der Realen und rätselhaften Sexualität des Subjekts etwas näher. Dies ist eine Chance für eine andere Form von Sexualität.

6 Fazit: Neue Formen der Ent/Hemmung

In diesem kurzen Buch habe ich versucht, eine der vielen *Gegenwartsfragen* genauer zu analysieren: inwieweit sich bestimmte gesellschaftliche Aspekte durch die Digitalisierung verändert – und speziell, ob diese zu einer Enthemmung beigetragen haben. Auf Basis meines Konzepts der Ent/Hemmung wurde dabei sichtbar, dass es eine reine oder pure Enthemmung so nie geben kann. Zum Schluss möchte ich nun darüber nachdenken, was sich ändern sollte, damit gesündere Formen der Ent/Hemmung möglich gemacht werden können.

Hemmung und kreative Befreiung: Twittern ohne Scheu?

Das Gestalten und Anfertigen von Tweets ist zu einem gewissen Grad kreativ und hat immer Genuss als Ziel bzw. Inhalt. Diese Kreativität – auch Hassreden oder Trolling sind auf destruktive Weise kreativ – ist immer auch von Hemmungen geprägt. Die britische Psychoanalytikerin Marion Milner veröffentlichte 1950 das Buch *On Not Being Able to Paint*, auf Deutsch publiziert als *Zeichnen und Malen ohne Scheu: Ein Weg zur kreativen Befreiung* (1988). Milner war als passionierte Malerin an einer psychoanalytischen Interpretation kreativer und künstlerischer Prozesse interessiert. Sie fragte sich, was mit der Innenwelt des Subjekts passiert, wenn diese ein stückweit externalisiert wird, etwa durch eine Skizze oder ein Bild. Für Milner sind künstlerisch-kreative Tätigkeiten – also auch die Psychoanalyse – damit befasst, eine Illusion zu erschaffen, die die innere und äußere Welt zusammenhält:

> »Könnte man sagen, dass durch das Finden eines Teils der Außenwelt, sei es in Form von Kreide oder Papier, oder in seinem Analytiker, der bereit war, sich vorübergehend in die eigenen Träume einzufügen, ein Moment der Illusion ermöglicht wurde, ein Moment in dem Innen und Außen übereinzustimmen schienen? War es auch richtig, dass man durch diese Momente in der Lage war, die Brücke wiederherzustellen, das zerbrochene Boot zu flicken und so die Möglichkeit eines schöpferischen Lebens in einer realen Welt zumindest wiedererweckt zu haben? War es nicht eine legitime Hypothese zu vermuten, dass man durch diese Momente der erreichten Verschmelzung zwischen Innerem und Äußerem zumindest potentiell zu einem Leben des Handelns zurückgeführt wurde, ein Leben, in dem man versuchen könnte, das, was man liebte, wieder aufzubauen, wiederherzustellen, neu zu erschaffen, in tatsächlicher Leistung wiederherzustellen?« (Milner, 2010, S. 138)

Natürlich gibt es erhebliche Unterschiede zwischen einem Kunstwerk und einem Tweet. Tweets sind oft unüberlegt, profan, infam, exzessiv, aggressiv, destruktiv oder schlicht langweilig. Aber sie sind häufig auch äußerst kreativ, anregend, schockierend, (auf)reizend, witzig oder affizierend – wie es

Kunst auch sein kann. Sie – wie alle kulturellen Erzeugnisse – zeugen von einer Transferleistung von etwas Innerem hin zu etwas Äußerem. Nach Milner ginge es bei der Kommunikation in Sozialen Medien auch immer darum, dass die Kluft zwischen Innen- und Außenwelt kurzzeitig geschlossen wird. Natürlich sind Tweets oft von Hass, Gewalt oder Objektivierung gekennzeichnet; Kunst aber kann ebenso die Repräsentation und Verdinglichung der inneren Dämonen des Künstlers sein. »Indem man malt, kann man alles malen, was man möchte« (ebd., S. 139), und auch in der freien Assoziation in der Therapie sollten Patienten alles sagen, was sie möchten und was ihnen in den Sinn kommt. Auch in Sozialen Medien ist es erlaubt, fast alles zu sagen – natürlich mit gewissen juristischen Einschränkungen. Insofern gibt es hier bestimmte Parallelen zwischen den dreien. Die Plattformen kommen der Leinwand oder den rohen Materialien gleich, die bis zu einem gewissen Grad gestaltet oder geformt werden können.

Milners Buch ist auch eine Studie über ihre eigene Hemmung, nicht »gut« oder »richtig« malen zu können. Hier geht es vor allem um eine Hemmung und Schwierigkeit, das Innere nach außen zu kehren bzw. bestimmten Affekten, Gefühlen, Träumen oder Fantasien eine Form zu geben. Dieser Prozess kann scheitern oder ist oft von Falschheit oder Unzufriedenheit geprägt. Milner ist daran interessiert, wie diese Hemmung etwas abzubilden überwunden werden kann. Für sie musste das Malen assoziativer und freier werden, um eine Hemmung abzubauen. Hier enden die Parallelen zu gegenwärtigen Sozialen Medien, da die freie Assoziation online keineswegs immer zu kreativeren oder »besseren« Inhalten führt. Milner – ähnlich wie Winnicott und Klein – argumentiert, dass auch die Kunst und andere kulturelle Erzeugnisse (wie das Spielen) Rückschlüsse auf die Psyche der Subjekte, die sie erschaffen haben, zulässt. In diesem Sinne sind objektive Realität und kulturelle Erzeugnisse immer von Fantasien strukturiert und animiert – nicht umgekehrt. Soziale Medien sind in hohem Maße individuell und subjektbezogen. Sie vermitteln dem Subjekt die Möglichkeit, sich selbst zu verwirklichen (Rambatan & Johanssen, 2021, Kapitel 2; Johanssen & Krüger, 2022, Kapitel 2). »Letztlich sind es also vielleicht wir selbst, die der Künstler in uns zu erschaffen versucht; und wenn uns selbst, dann auch die Welt, denn der Blick auf das eine durchdringt den Blick auf das andere« (Milner, 2010, S. 158). Diese Prozesse der Übersetzung von Etwas zu einem Post auf Twitter, einem Bild auf Instagram oder einem Video auf YouTube sind auch immer von Ent/Hemmung auf technischer und psychischer Ebene geprägt.

Für Milner ist das Moment des Zweifelns und Innehaltens zentral. Künstlerische Tätigkeit ist ein Prozess, der von Zweifeln und Fragen geprägt ist – »im Zweifel für den Zweifel«, wie die Band Tocotronic im gleichnamigen Song singt. Diese zögerlichen Elemente fehlen in Sozialen Medien allerdings häufig, wo es darum geht, schnell und besonders geistreich oder aufmerksamkeitserregend zu sein. Zwar haben Unsicherheit, Zweifel und Destruktivität dort durchaus ihren Platz – *wie* diese geäußert werden, ist aber problematisch. Soziale Medien müssten sich deshalb »entschleunigen« und in gewisser Weise hemmen, um mehr Raum fürs Innehalten und die Selbstreflexion zu bieten. Dies könnte etwa durch eine Veränderung des Designs geschehen und z.B. durch eine Begrenzung in Bezug auf, das was User in einem gewissen Zeitraum posten dürfen. Nutzer Sozialer Medien müssten auch anerkennen, dass der große Andere nicht existiert (Flisfeder, 2021) – und stattdessen eine intersubjektivere Aufmerksamkeit suchen und weitergeben. Zweifelsohne bin ich nicht der Ansicht, dass damit dem virtuellen Sexismus, Rassismus und der Misogynie Einhalt geboten wäre. Das ist eine Illusion. Hier muss von Plattformen strenger moderiert werden. Es ginge eher darum, Möglichkeiten zu schaffen, dass Menschen ihre Ängste, Fragen oder Unsicherheiten symbolisieren können, bevor diese in Rassismus oder andere Formen des Extremismus transformiert werden. Wenn dies von Plattformen durch Entschleunigung möglich gemacht wird, bedeutet dies auch, dass andere Menschen auf diese eingehen müssen, anstatt sie instinktiv mit Beschämung, Shitstorms oder anderen paranoid-schizoiden Kommunikationsformen zu bestrafen. Dieses Szenario ist insofern möglich, als dass etwa Twitter, aber auch andere Plattformen, bereits bezogen auf ihr Design assoziationsfördernd sind. Dieses Assoziative gilt es zu bewahren, und Subjekte müssen sich stärker davon verabschieden, etwas Bestimmtes zu wollen, wenn sie z.B. Twitter benutzen – symptomatisch erkennbar an der Aussage eines Befragten aus Marwicks und boyds Studie: »Ich twittere für niemanden; ich tue es einfach, um es zu tun« (2011, S. 119). Twitter sollte deshalb ermöglichen, dass User offen an die Plattform herantreten und bestimmte Gedanken, Ziele oder Fantasien außen vor lassen oder in anderer Form symbolisieren – auch als Form einer erweiterten Aufmerksamkeit:

> »Denn da man nichts wollte, war es nicht nötig, einen Gegenstand auszuwählen, den man betrachten wollte, und es war

> möglich, das Ganze zu betrachten. Sich mit etwas zu beschäftigen und doch nichts davon zu wollen, dass schien das Wesentliche der zweiten Art der Wahrnehmung zu sein. [...] Wenn wir zufällig den Trick entdeckt haben, unsere Aufmerksamkeit weit zu halten, dann geschieht das Wunder« (Milner, 2011, S. 79).

Diese zweite Art der Wahrnehmung ermöglicht es, mit offeneren Augen durchs Leben zu gehen: »Etwas wird freigesetzt und strömt herein; wie ein Orgasmus, aber anders als dieser, weil unerwartet, unvermutet, unkalkuliert« (Phillips, 2019, S. 82). Diese Art der Aufmerksamkeit ist vom Begehren entkoppelt, sofern dies möglich ist. Diese Aufmerksamkeit muss natürlich von Menschen gewollt und praktiziert, sie kann nie nur von den Plattformen designed werden. Jedoch ließen sich bestimmte Voraussetzungen umsetzen, damit diese zumindest begünstigt werden. So sollten sich Plattformen etwa vom Quantifizierungswahn und Optimierungsideologien (King, Gerisch & Rosa, 2019) verabschieden, indem sie aufhören, den Usern zu zeigen, wie viele Likes, Retweets, Kontakte, Reichweite usw. ihre Botschaften erzeugen oder nach sich ziehen. Plattformen könnten dies natürlich eher verwirklichen, wenn sie sich vom Geschäftsmodell mit Userdaten verabschieden. Sie müssten aufhören, ihre User gnadenlos auszubeuten, zu überwachen und oftmals auch hilflos zurückzulassen, wenn diese bedroht oder belästigt werden. User wiederum sollten die Inhalte, auf die sie stoßen, als assoziative und kreative Externalisierungen betrachten und nicht gleich in Freude, Panik, Hass oder Aggression verfallen, wenn sie von etwas überrascht oder irritiert sind. So könnten sie zumindest versuchen, ein »containenderes« Klima zu schaffen.

Gerade in bestimmten Foren gelingt dies bereits sehr gut: User sind hier selbstorganisiert, haben eigene Regeln festgesetzt und moderieren die Inhalte eigenständig. Diese Art der Kommunikation wurde ab der Mitte der 2000er Jahre stark durch die großen Plattformen verdrängt. Eine Ausnahme bildet die Forenplattform Reddit mit ihren vielen themenorientierten Communitys. Reddit ist zwar dafür berüchtigt, auch rassistischen und sexistischen Communitys Reichweite zu geben, das Modell ist aber dennoch interessant, eben weil es sich so von herkömmlichen Plattformen unterscheidet. Die Bloggingplattform Tumblr wäre darüber hinaus auch als Alternative zu nennen: Tumblr bietet die Möglichkeit, einen Blog zu entwickeln, und wurde seit seiner Entstehung im Jahr 2007 vor allem von queeren Menschen und anderen Subkulturen als Plattform benutzt. Tumblr ist alles, was andere Plattformen nicht sind: nicht algorithmisch-gesteuert, es gibt keine Influencer, Likes spielen kaum eine Rolle, und ein Blog kann komplett individuell designed werden. Es erinnert stark an das Internet der 1990er Jahre.

Mehr Ambivalenz und Seltsamkeiten wagen!

Ambivalenz oder auch Zweifel, Unsicherheit, Innehalten, Langsamkeit und ähnliche Phänomene scheinen innerhalb der Sozialen Medien oft zu fehlen, sind aber zutiefst menschliche Eigenschaften. »Ambivalenz« ist ein psychoanalytischer Begriff, der 1924 von Eugen Bleuler eingeführt wurde, um Merkmale der Schizophrenie zu beschreiben, wie z. B. die Tendenz zur Hassliebe und dem Festhalten an »unvereinbaren oder widersprüchlichen Ideen oder Überzeugungen« (Weisbrode, 2012, S. 11). Die Psychoanalyse definiert »Ambivalenz« als »das gleichzeitige Vorhandensein widersprüchlicher Gefühle gegenüber einem Objekt oder einer Person und – in Bezug auf Handlungen – das unauflösliche Zusammentreffen zweier Tendenzen, wie z. B. essen und nicht essen« (Souffir, 2005, S. 55).

> »Bei der Ambivalenz wollen und wollen wir nicht, was wir wollen. Oder wir wollen Teile, aber nicht das Ganze und verübeln die zusätzliche Last« (Berlant, 2022, S. 34).

Wie Steffen Krüger und ich ausführlich analysieren (Krüger & Johanssen, 2014, 2016; Johanssen & Krüger, 2022; Johanssen, 2023; Krüger, 2024, i. E.), sind ambivalente Gefühle gegenüber der Nutzung Sozialer Medien vielen Nutzern heute eigen, da sie oft damit ringen, das richtige Gleichgewicht zwischen Bindung und Distanzierung sowie Hemmung und Enthemmung zu finden. Dabei ist es gerade dieser »Zwischenraum«, der zu mehr Verständnis, Selbsterkenntnis und besseren Formen der Gemeinschaft führen kann, wenn er auf Plattformen in gesunder Weise gepflegt würde.

Ich habe das Selfie als positives Beispiel diskutiert, das bereits zeigt, wie Formen der Ambivalenz und Ent/Hemmung existieren und weit verbreitet sind, ohne pathologisch oder gefährlich zu sein. Instagram wird zwar oft als Plattform kritisiert, auf der unrealistische Körperbilder zur Schau gestellt werden (das Gleiche gilt für die Videoplattformen YouTube und TikTok), dennoch gibt es auf diesen Plattformen auch Inhalte, die eine diversere Repräsentation von Körpern und Identitäten zeigen, die Körper abseits gängiger Schönheitsideale zeigen. Diese Darstellungen beinhalten auch die Externalisierung von Zweifeln über den Körper. Viele Instagram-Nutzer offenbaren auch eine ambivalente Nutzungsweise, wenn sie zwischen »Finsta« (»Fake-Instagram«) und »Rinsta« (»Real-Instagram«) unterscheiden und verschiedene Accounts für unterschiedliche Zwecke nutzen. Auch die Praxis des *vaguebooking* auf Facebook und anderswo, bei der vage und oft hochemotionale Posts kreiert werden, damit User Aufmerksamkeit bekommen, fällt hier ins Auge. Auch wenn sie oft kritisch gesehen wird, zeigt sich, dass solche Inhalte zur Kommunikation einladen und deutlich schwieriger zu monetarisieren sind, etwa wenn es um gezielte Werbung geht.

Das Internet ist auch ein Ort der Seltsamkeiten und des Komischen. So gibt es auf YouTube viele Videos, die nicht dem Mainstream der Sozialen Medien entsprechen und auch von Entschleunigung und Ambivalenz zeugen – Videos etwa, die sieben Stunden lang die Geräuschkulisse einer vollen Bar wiedergeben, die knisterndes Kaminfeuer zeigen, die zehn Stunden lang wiederholen, wie eine Axt einen Baum trifft usw. Andere Videos tragen Titel wie »Top 100 Hydraulic Press Moments« und zeigen eine Hydraulikpresse, die sehr langsam allerlei Gegenstände zerdrückt: Gummibälle, Puppen, Spielzeugautos oder Tennisschläger.[1] Auch die Streamingplattform Twitch, auf der sich Menschen etwa beim Spielen von Videospielen in sogenannten »Let's Play«-Videos zeigen, spielt vor diesem Hintergrund eine große Rolle. Streams dauern mitunter Stunden und werden von hunderten von Menschen angeschaut, während ein User ein bestimmtes Spiel

1 Vielen Dank an Simon Strick für dieses Beispiel.

spielt und dabei assoziativ vor sich hin erzählt und mit den Zuschauern interagiert.

Enthemmte Hemmung und gehemmte Enthemmung als psychosoziale Prozesse

Wenn sich ein Individuum besonders enthemmt oder gehemmt fühlt oder im Internet präsentiert, kann dies pathologische Züge annehmen – Ent/Hemmung ist ein Symptom unserer Gegenwart. Zu fragen wäre allerdings immer auch, warum der Einzelne sich besonders gehemmt oder enthemmt präsentiert, worin genau dieses »zu wenig« oder »zu viel« liegt und was die Gründe sind. Wenn die Ent/Hemmungsformen, die ich kritisch in diesem Buch diskutiert habe, allgemein symptomatisch sind, was befindet sich dann *hinter* den Symptomen?

Elfriede Löchel (2019) beobachtet diesbezüglich eine gegenwärtige Schwächung des psychischen Innenraums. Die drei diskutierten Elemente der Ent/Hemmung (siehe Kapitel 3, 4 und 5) wären in diesem Verständnis Schauplätze dieser Schwächung der inneren Welt oder einer symptomatischen Verlagerung in äußere Bereiche. Warum kommt es zu dieser Schwächung oder zum »Verlust« (Löchel, 2019, S. 40) des inneren psychischen Raums? Die Verbindung kann in der Beobachtung liegen, dass viele Menschen nicht mehr innehalten, abschalten oder in sich gehen können. Viele meiner Studierenden sagen, dass ihre Aufmerksamkeits- und Konzentrationsfähigkeit aufgrund der Omnipräsenz von Medien und digitalen Geräte stark abgenommen hat. Alles muss ständig externalisiert, nichts kann maßvoll und zeitgemäß verarbeitet oder in sich aufgenommen werden. Viele scheinen die Fähigkeit verloren zu haben, Grenzen zu ziehen, zwischen Privatheit und Öffentlichkeit, zwischen Gedachtem und Gepostetem, zwischen Innen und Außen. Das grenzenlose Internet scheint somit ein Spiegel des grenzenlosen Innenlebens zu sein, wo das Subjekt sowohl unkontrolliert frei und beherrscht zugleich ist.

Gesunde Formen der Hemmung und Enthemmung sind wichtige Phänomene, die dem Menschen sowohl Halt als auch ein Gefühl der Freiheit geben. Wir scheinen in einer Kultur zu leben, die oft den Mittelweg oder das Mittelmaß zwischen Hemmung und Enthemmung verloren hat – oder es verlernt hat, danach zu streben, sowohl digital als auch analog. Insofern wäre es interessant zu berücksichtigen, wie sich Ent/Hemmungsdynamiken und -symptome im klinischen Bereich ausdrücken und inwieweit sich bestimmte psychische Problematiken im Laufe der Jahre gewandelt haben – etwas, was ich in diesem Buch nicht tun konnte. Lacan zufolge ist Hemmung als »Problem« weitaus weniger schwerwiegend als Angst oder Peinlichkeit. Es bleibt jedoch die Frage, wie wir als Kultur und auch als Individuen mehr Distanz zu unseren eigenen Hemmungen bzw. Enthemmungen herstellen und diese in gesündere Formen der Ent/Hemmung transformieren können. Dies deutet bereits Herbert Marcuse (1955) an, wenn er fordert, dass die Triebe befreit und enthemmt werden müssen – abseits des Leistungsprinzips im Kapitalismus und den entfremdenden Kräften der »zusätzlichen Unterdrückung«. Ähnlich wie Millner widmet auch Marcuse der Kunst besondere Aufmerksamkeit und sieht diese als Beispiel für enthemmte Kreativität und Arbeit an – ohne Unterdrückung. Eine wirkliche Ent/Hemmung kann es somit nur geben, wenn sich grundsätzliche Dinge in der Organisation der Gesellschaft ändern und ein neues Lustprinzip Einzug hält. Der französische Philosoph Bernard Stiegler (2014) betont dies in seiner kritischen Marcuse-Lektüre ebenfalls. In gewisser Weise hat die 68er-Bewegung eine solche Transformation versucht, jedoch wurde sie zum großen Teil von einem hedonistischen Über-Ich als psychosozialem Phänomen einverleibt, das Genuss durch Konsum predigt. Nach Marcuse handelt es sich dabei um eine repressive Art der Sublimierung, die dazu führt, dass der Libido Energie entzogen und diese im Dienste des Kapitals für Arbeit aufgewandt wird. Diese Energie ist vor allem der Sexualität entzogen.

Ich sehe die Dinge nicht so kritisch wie Marcuse (und Stiegler) und habe bereits früher in diesem Kapitel angemerkt, dass die Benutzung Sozialer Medien eine kreative Leistung darstellt, die sich jedoch nie voll entfalten kann. Steffen Krüger und ich betonen, dass wir in der Art und Weise, wie wir Soziale Medien und Plattformen nutzen, eine Art ontologische Sexualität entdecken können, die jedoch phallischer Sexualität ähnelt (Johanssen & Krüger, 2022, Kapitel 5). Allerdings kann diese Form der transformierten oder »angelehnten« Sexualität nie dem Marcusianischen Ideal nahekommen, da er von einer Sexualität an sich spricht, die im Freud'schen Sinne polymorph-pervers und nicht auf bestimmte erogene Zonen, Praktiken, Fantasien usw. zurechtgestutzt ist. Außerdem findet sich das Subjekt, wie sowohl Marcuse als auch Stiegler betonen, komplexen Kontroll- und Überwachungsmechanismen ausgesetzt, die jegliche Form von Enthemmung immer hemmen. Das Über-Ich ist durch Technik »automatisiert«

(Marcuse, 1955, S. 86). Nach Stiegler hat sich diese Form der Überwachung in den vergangenen Jahrzehnten rapide ausgeweitet. In diesem Sinne kann eine gesündere Ent/Hemmung nur Einzug halten, wenn sich die Gesellschaft radikal ändert und das Leistungsprinzip abgelöst wird. Pathologische Hemmung und Enthemmung sind somit auch immer Symptome einer zutiefst *kranken* und in sich widersprüchlichen Gesellschaft, die Menschen zugleich hemmt und enthemmt, eine gnadenlose Externalisierung und Selbstoptimierung fordert und gleichzeitig das Subjekt ständig in höchst paranoider Weise überwacht, sei es am Arbeitsplatz oder online. In dieser Gesellschaft wird das Subjekt häufig dazu aufgefordert und fordert sich selbst dazu auf, Dinge über sich zu teilen, sich selbst zu verwirklichen, glücklich und produktiv zu sein, während diese Prozesse permanent von Strukturen gehemmt und torpediert werden. Insofern ist es die pathologische Schizophrenie des Plattformkapitalismus, die überwunden werden muss und auf die bestimmte Ent/Hemmungsdynamiken ständig symptomatisch verweisen.

Wenn wir in etwas kleineren Dimensionen denken wollen, wäre es sicherlich ein Anfang, anzuerkennen, dass bestimmte Formen der Hemmung, sofern sie dem Subjekt kein Leid bringen, auch gut und wichtig sind. Wir leben in einer Kultur, in der nicht nur Genuss und das Streben nach Glück gepredigt, sondern immer auch eine Art der Enthemmung und Extrovertiertheit gefordert werden – gerade in Sozialen Medien. Ein Innehalten und Anerkennen, dass bestimmte Formen der Enthemmung nicht die gewünschte Aufmerksamkeit und Anerkennung bringen, wäre ein erster Schritt zu einer anderen Form der Ent/Hemmung. So viele Aspekte des Menschen und der Kultur sind sowohl vom Loslassen als auch vom Festhalten geprägt. Es beginnt schon beim Ein- und Ausatmen. Holen wir also tief Luft und packen wir's an.

Literatur

Adegoke, Y. (2020, 16. Juli). Will Smith and Jada Pinkett Smith's »entanglement« proves social media is the new reality TV. *The Guardian*. https://www.theguardian.com/tv-and-radio/2020/jul/16/will-smith-jada-pinkett-smith-entanglement-red-table-talks-reality-checked

Adorno, T.W., Frenkel-Brunswik, E., Levinson, D. & Sanford, R.N. (1950). *The Authoritarian Personality*. Harper Row.

Akgün, L. (2011). *Aufstand der Kopftuchmädchen. Deutsche Musliminnen wehren sich gegen den Islamismus*. Piper.

Allen, D.W. (1974). *The Fear of Looking or Scopophilic-Exhibitionistic Conflicts*. John Wright & Sons.

Altmeyer, M. (2023). *Das entfesselte Selbst. Versuch einer Gegenwartsdiagnose*. Psychosozial-Verlag.

Anzieu, D. (2016). *The Skin-Ego. A New Translation by Naomi Segal*. Karnac.

Belk, R. (2009). Sharing. *Journal of Consumer Research, 36*(5), 715–734.

Benjamin, J. (1988). *The Bonds of Love: Psychoanalysis, Feminism and the Problem of Domination*. Pantheon Books.

Benjamin, J. (2018). *Beyond Doer and Done to. Recognition Theory, Intersubjectivity and the Third*. Routledge.

Benzel, S. (2019). *Die Bedeutung des Körpers bei Selbstverletzungen junger Frauen. Eine adoleszenztheoretisch-biografische Analyse*. Springer VS.

Benzel, S. (2021). Sich selbst verletzen. In U. Deinet, B. Sturzenhecker, L. von Schwanenflügel & M. Schwerthelm (Hrsg.), *Handbuch Offene Kinder- und Jugendarbeit* (S. 1417–1423). Springer VS.

Benzel, S. & King, V. (2019). Körperzeiten – Körperpraxen. Neue Herausforderungen der Adoleszenz und ihre Ausdrucksformen in Social-Media-Selbstdarstellungen. *Zeitpolitisches Magazin, 16*(14), 4–7.

Berlant, L. (2022). *On the Inconvenience of Other People*. Duke University Press.

Black, J. (2021). *Race, Racism and Political Correctness in Comedy. A Psychoanalytic Exploration*. Routledge.

Bratich, J. (2011). Affective Convergence in Reality Television. A Case Study in Divergence Culture. In M. Kackman, M. Binfield, M.T. Payne, A. Perlman & B. Sebok (Hrsg.), *Flow TV. Television in the Age of Media Convergence* (S. 55–74). Routledge.

Brenner, J. (2012, 24. Mai). Im Auge des Shitstorms. *DER SPIEGEL*. https://www.spiegel.de/panorama/gesellschaft/bei-einer-lesung-von-sarah-kuttner-faellt-das-wort-negerpuppe-a-834695.html

Breuer, J. & Freud, S. (1916). *Studien über Hysterie*. Franz Deuticke.

Broucek, F.J. (1982). Shame and its Relationship to Early Narcissistic Developments. *The International Journal of Psychoanalysis, 63*(3), 369–378.

Brunner, M. (2019). Enthemmte Männer: Psychoanalytisch-sozialpsychologische Überlegungen zur Freudschen Massenpsychologie und zum Antifeminismus in der »Neuen« Rechten. *Journal für Psychoanalyse, 60*, 7–32.

Bruns, A. (2019). *Are Filter Bubbles Real?* Wiley.

Bucher, T. (2012). The Friendship Assemblage: Investigating Programmed Sociality on Facebook. *Television & New Media, 14*(6), 479–493.

Bundesamt für Verfassungsschutz (2022). Rechtsextremismus: Zahlen und Fakten. https://www.verfassungsschutz.de/DE/themen/rechtsextremismus/zahlen-und-fakten/zahlen-und-fakten_node.html

Butler, J. (1990). *Gender Trouble and the Subversion of Identity*. Routledge.

Butler, J. (1993). *Bodies that Matter: On the Discursive Limits of »Sex«*. Routledge.

Butler, J. (2004). *Precarious Life. The Powers of Mourning and Violence*. Verso.

Cahill, A. (2011). *Overcoming Objectification. A Carnal Ethics*. Routledge.

Chun, W.H.K. (2018). Queerying Homophily. In C. Apprich, W.H.K. Chun, F. Cramer & H. Steyerl (Hrsg.), *Pattern Discrimination* (S. 59–99). Meson Press, University of Minnesota Press.

Chun, W.H.K. (2021). *Discriminating Data: Correlation, Neighborhoods and the New Politics of Recognition*. MIT Press.

Cowie, E. (1992). Pornography and Fantasy. In L. Segal & M. McIntosh (Hrsg.), *Sex Exposed: Sexuality and the Pornography Debate* (S. 132–152). Virago.

Dahlgren, P. (2013). Tracking the Civic Subject in the Media Landscape. Versions of the Democratic Ideal. *Television & New Media, 14*(1), 71–88.

Dean, J. (2006). *Žižek's Politics*. Routledge.

Deleuze, G. (1967). *Masochism: Coldness and Cruelty*. Zone Books.

Deleuze, G. (1986). *Cinema 1. The Movement Image*. Bloomsbury.

Deleuze, G. & von Sacher-Masoch, L. (1991). *Masochism: Coldness and Cruelty & Venus in Furs*. Zone Books.

Deutschlandfunk Kultur (2023, 17. Februar). Ekstase und Kontrollverlust. Auszeit vom Ich. https://www.deutschlandfunkkultur.de/ekstase-karneval-100.html

Doane, M.A. (2003). The Close-up: Scale and Detail in the Cinema. *Differences: A Journal of Feminist Cultural Studies, 14*(3), 89–111.

Dreisbach, T. (2021, 26. April). How Extremists Weaponize Irony To Spread Hate. *NPR*. https://www.npr.org/2021/04/26/990274685/how-extremists-weaponize-irony-to-spread-hate

Fenichel, O. (1995). *The Psychoanalytic Theory of Neurosis*. Routledge.

Flisfeder, M. (2018). The Ideological Algorithmic Apparatus: Subjection *before* Enslavement. *Theory & Event, 23*(2), 457–484.

Flisfeder, M. (2021). *Algorithmic Desire. Towards a New Structuralist Theory of Social Media*. Northwestern University Press.

Foroutan, N. (Hrsg.). (2010). Sarrazins Thesen auf dem Prüfstand. Ein empirischer Gegenentwurf zu Thilo Sarrazins Thesen zu Muslimen in Deutschland. https://edoc.hu-berlin.de/bitstream/handle/18452/5745/sarrarzins_thesen_1.pdf?sequence=1&isAllowed=y

Forsa (2022). Forsa-Befragung zur Wahrnehmung von Hassrede. https://www.medienanstalt-nrw.de/themen/hass/forsa-befragung-zur-wahrnehmung-von-hassrede.html

Freud, S. (1905). *Drei Abhandlungen zur Sexualtheorie*. Franz Deuticke.

Freud, S. (1913). *Totem und Tabu. Einige Übereinstimmungen im Seelenleben der Wilden und der Neurotiker.* Hugo Heller.

Freud, S. (1922). Medusa's Head. *SE XVIII,* S. 273–274.

Freud, S. (1926). *Hemmung, Symptom und Angst*. Internationaler Psychoanalytischer Verlag.

Freud, S. (1930). *Das Unbehagen in der Kultur.* Internationaler Psychoanalytischer Verlag.

Freud, S. (1950 [1895]). Entwurf einer Psychologie. *GW Nachtragsband*, S. 387–477.

Frommer, M. S. (2007). On the Subjectivity of Lustful States of Mind. *Psychoanalytic Dialogues, 16*(6), 639–664.

Frosh, S. (2016). Studies in Prejudice: Theorizing anti-Semitism in the Wake of the Nazi Holocaust. In M. Ffytche & D. Pick (Hrsg.), *Psychoanalysis in the Age of Totalitarianism* (S. 28–44). Routledge.

Fuchs, C. (2014). *Digital Labor and Karl Marx*. Routledge.

Fuentes, N. (2019, 30. Oktober). Video Twitter (X). https://twitter.com/CalebJHull/status/1189594371030695937

George, S. (2014). From Alienation to Cynicism: Race and the Lacanian Unconscious. *Psychoanalysis, Culture & Society, 19*(4), 360–378.

Gill, R. (2007). Postfeminist Media Culture: Elements of a Sensibility. *European Journal of Cultural Studies, 10*(2), 147–166.

Heron, K. (2020). Toying with the Law: Deleuze, Lacan and the Promise of Perversion. *European Journal of Political Theory, 21*(4), 1–21.

Highfield, T., Harrington, S. & Bruns, A. (2013). Twitter as a Technology for Audiencing and Fandom: The #Eurovision Phenomenon. *Information, Communication & Society, 16*(3), 315–339.

Hills, M. (2014). Playing and Pathology: Considering Social Media as »Secondary Transitional Objects«. In C. Bainbridge & C. Yates (Hrsg.), *Media and the Inner World: Psycho-Cultural Approaches to Emotion, Media and Popular Culture* (S. 185–200). Palgrave Macmillan.

Hofer, P. K. (2016). Approaching Analog Amateur Porn Empirically: Video Practices in Austrian Swinger Classifieds, 1981–1990. *Sexualities, 19*(3), 263–285.

Hohle, R. (2017). *Racism in the Neoliberal Era: A Meta History of Elite White Power*. Routledge.

Hook, D. (2020). White Anxiety in (post)apartheid South Africa. *Psychoanalysis, Culture & Society, 25*(4), 612–631.

Hoppenstedt, M. (2022, 4. November). Die sadistische Jagd auf den Drachenlord. *DER SPIEGEL*. https://www.spiegel.de/netzwelt/drachenlord-der-youtuber-rainer-winkler-ueber-hass-im-internet-und-cybermobbing-a-dec12e41-5d43-456a-b910-37156854ea4a

Horbury, A. (2019). A Psychoanalytic Ethics of the Pornographic Aesthetic. *Porn Studies, 6*(1), 87–99.

Irigaray, L. (1985). *The Sex which is not One*. Cornell University Press.

Irigaray, L. (1993). *An Ethics of Sexual Difference*. Cornell University Press.

Jacobson, E. (1964). *The Self and the Object World*. International University Press.

Jagodzinski, J. (2005). *Music in Youth Culture. A Lacanian Approach*. Palgrave Macmillan.

Jarrett, K. (2015). *Feminism, Labour and Digital Media: The Digital Housewife*. Routledge.

Jenkins, H. (2006). *Convergence Culture: Where Old and New Media Collide*. New York University Press.

Johanssen, J. (2017). Immaterial Labour and Reality TV. The Affective Surplus of Excess. In M. Briziarelli & E. Armano (Hrsg.), *The Spectacle of »free« Labor: Reading Debord in the Context of Digital Capitalism* (S. 197–208). University of Westminster Press.

Johanssen, J. (2019). *Psychoanalysis and Digital Culture: Audiences, Social Media and Big Data*. Routledge.

Johanssen, J. (2020). Social Media and Coronavirus: Paranoid-schizoid Technology and Pandemic? *Human Arenas, 4*(4), 632–646.

Johanssen, J. (2021). Data Perversion: Psychoanalysis and Big Data. *Journal of Digital Social Research, 3*(1), 88–105.

Johanssen, J. (2022). *Fantasy, Online Misogyny and the Manosphere. Male Bodies of Dis/Inhibition*. Routledge.

Johanssen, J. (2023). *Die Mannosphäre. Frauenfeindliche Communitys im Internet*. Herbert von Halem.

Johanssen, J. & Krüger, S. (2022). *Media and Psychoanalysis: A Critical Introduction*. Karnac.

John, N. (2013). The Social Logics of Sharing. *The Communication Review, 16*(3), 113–131.

John, N. (2014). File Sharing and the History of Computing: or, why File Sharing is called »File Sharing«. *Critical Studies in Media Communication, 31*(3), 198–211.

John, N. (2022, 2. März). Sharing and Social Media: The Decline of a Keyword? *New Media & Society*. https://journals.sagepub.com/doi/full/10.1177/14614448221078603

Jurczyk, K. & Zeiher, H. (2019). Jugendzeit – Fremdbestimmt selbstständig. Einführung in den Thementeil. *Zeitpolitisches Magazin, 16*(14), 1–3.

Kale, S. (2018, 18. Oktober). Erectile Dysfunction or Performance Anxiety? The Truth behind a Modern Malaise. *The Guardian*. https://www.theguardian.com/lifeandstyle/2018/oct/18/erectile-dysfunction-performance-anxiety-truth-modern-malaise

Keenan, H. (2013). *The Ethics of Visuality. Levinas and the Contemporary Gaze*. I. B. Tauris.

Kennedy, J. (2013). Rhetorics of Sharing: Data, Imagination and Desire. In G. Lovink & M. Resch (Hrsg.), *Unlike Us Reader. Social Media Monopolies and their Alternatives* (S. 127–136). Institute of Network Cultures.

Kennedy, J. (2016). Conceptual Boundaries of Sharing. *Information, Communication & Society, 19*(4), 461–474.

King, V. (2013). *Die Entstehung des Neuen in der Adoleszenz. Individuation, Generativität und Geschlecht in modernisierten Gesellschaften*. Springer VS.

King, V. (2016). »If you show your real face, you'll lose 10.000 followers« – The Gaze of the Other and Transformations of Shame in Digitalized Relation-ships. *CM: Communication and Media, 11*(38), 71–90.

King, V., Gerisch, B. & Rosa, H. (Hrsg.). (2019). *Lost in Perfection: Impacts of Optimisation on Culture and Psyche*. Routledge.

Kristeva, J. (1982). *Powers of Horror: An Essay on Abjection*. Columbia University Press.

Kristeva, J. (1998). Experiencing the Phallus as Extraneous, or Women's Twofold Oedipus Complex. *Parallax, 4*(3), 29–43.

Krüger, S. (2024, i. E.). *Formative Media: Psychoanalysis and the Digitally Platformed Subject*. Routledge.

Krüger, S. & Johanssen, J. (2014). Alienation and Digital Labour – A Depth Hermeneutic Inquiry into Online Commodification and the Unconscious. *Triple C: Communication, Capitalism & Critique. Open Access Journal for a Global Sustainable Information Society, 12*(2), 632–647.

Krüger, S. & Johanssen, J. (2016). Thinking (with) the Unconscious in Media and Communication studies. Introduction to the Special Issue. *CM: Communication and Media, 38*(11), 5–40.

Kuttner, S. (2022). Katrin Bauerfeind und Sarah Kuttner – Was passiert, wenn wir nicht einer Meinung sind? *Hotel Matze*. https://open.spotify.com/episode/6qUjnF6hORXOUyjlD5daSA?si=3ffea2fad9bf43ed&nd=1

Lacan, J. (1966). Presentation of the Memoirs of President Schreber in French Translation. *Analysis, 7*, 1–4.

Lacan, J. (1986). *Das Seminar XX. Encore*. Quadriga.

Lacan, J. (1988). *The Seminar of Jacques Lacan. Book I. Freud's Papers on Technique 1953–54*. W. W. Norton & Company.

Lacan, J. (2002). *Ècrits*. W. W. Norton & Company.

Lacan, J. (2010). *Das Seminar X. Die Angst*. turia + kant.

Lapidot-Lefler, N. & Barak, A. (2012). Effects of Anonymity, Invisibility and Lack of

Eye-contact on Toxic Online Disinhibition. *Computers in Human Behavior, 28*(2), 434–443.

Laplanche, J. (1989). *New Foundations for Psychoanalysis*. Blackwell.

LEA (2021, 9. Dezember). LEA über SWIMMINGPOOL. *YouTube*. https://www.youtube.com/watch?v=W5UtBW9-NJA

Lemma, A. (2017). *The Digital Age on the Couch. Psychoanalytic Practice and New Media*. Routledge.

Lemma, A. (2021). Introduction – Becoming Sexual in Digital Times: The Risks and Harms of Online Pornography. *The Psychoanalytic Study of the Child, 74*(1), 118–130.

Levin, S. (1971). The Psychoanalysis of Shame. *The International Journal of Psychonalysis, 52*(4), 355–362.

Levinas, E. (1996). Peace and Proximity. In A. T. Peperzak, S. Critchley & R. Bernasconi (Hrsg.), *Basic Philosophical Writings* (S. 161–169). Indiana University Press.

Löchel, E. (2019). Scham und Beschämung im Zeitalter der Social Media. *Psychosozial, 157*(3), 31–43.

Luck, J. (2022, 17. Dezember). Er versendete Dick Pics. Hier erklärt er, warum: »Ich habe mir gewünscht, es würde die Frauen erregen«. *Stern*. https://www.stern.de/gesellschaft/dick-pics---ich-habe-mir-gewuenscht--es-wuerde-die-frauen-erregen--33014820.html

Lüders, F. (2023, 1. Februar). Ausgerastet und abgestürzt: Der Fall des Angry German Kid. *YouTube*. https://www.youtube.com/watch?v=h4_n67-2bm4&ab_channel=ZAPP-DasMedienmagazin

Malmqvist, K. (2015). Satire, Racist Humour and the Power of (Un)laughter: On the Restrained Nature of Swedish Online Racist Discourse Targeting EU-migrants Begging for Money. *Discourse & Society, 26*(6), 733–753.

Mandau, M. B. H. (2019). »Directly in your Face«: A Qualitative Study on the Sending and Receiving of Unsolicited »Dick Pics« among Young Adults. *Sexuality & Culture, 24*(1), 72–93.

Marcuse, H. (1955). *Eros and Civilization. A Philosophical Inquiry into Freud*. Beacon Press.

Marwick, A. E. & boyd, D. (2011). I Tweet honestly, I Tweet passionately: Twitter Users, Context Collapse and the Imagined Audience. *New Media & Society, 13*(1), 114–133.

McGlyn, C. & Johnson, K. (2021). *Cyberflashing: Recognising Harms, Reforming Laws*. Bristol University Press.

McGowan, T. (2003). *The End of Dissatisfaction? Jacques Lacan and the Emerging Society of Enjoyment*. Suny Press.

Meikle, G. (2016). *Social Media: Communication, Sharing and Visibility*. Routledge.

Miller, J.-A. (1994). Extimité. In M. Bracher, M. W. Alcorn, R. J. Cortell & F. Massardier-Kenney (Hrsg.), *Lacanian Theory of Discourse: Subject, Structure and Society* (S. 74–87). New York University Press.

Milner, M. (1988). *Zeichnen und Malen ohne Scheu: Ein Weg zur Kreativen Befreiung*. DuMont.

Milner, M. (2010). *On Not Being Able to Paint*. Routledge.

Milner, M. (2011). *A Life of One's Own*. Routledge.

Mitchell, J. (1974). *Psychoanalysis and Feminism: A Radical Reassessment of Freudian Psychoanalysis*. Allen Lane.

Murthy, D. (2013). *Twitter*. Wiley.

Nakamura, L. (2002). *Cybertypes*. Routledge.

Nobus, D. (2016). When Acts Speak Louder Than Words: On Lacan's Theory of Action in Psychoanalytic Practice. *Sitegeist, 12*(9), 9–40.

Oswald, F., Lopes, A., Skoda, K., Hesse, C. L. & Pedersen, C. L. (2020). I'll show you mine so you'll show me yours: Motivations and Personality Variables in Photographic Exhibitionism. *The Journal of Sex Research, 57*(5), 597–609.

Özbek, T. (2017). Living in Germany as a Kanak: Some Thoughts about Nonbelonging. *Psychoanalytic Review, 104*(6), 707–721.

Paasonen, S. (2010). Labors of Love: Netporn, Web 2.0 and the Meanings of Amateurism. *New Media & Society, 12*(8), 1297–1312.

Paasonen, S., Jarrett, K. & Light, B. (2019). *NSFW: Sex, Humor and Risk in Social Media*. MIT Press.

Patton, C. (1991). Visualizing Safe Sex: When Pedagogy and Pornography Collide. In D. Fuss (Hrsg.), *Inside/Out, Lesbian Theories, Gay Theories* (S. 373–387). Routledge.

Pfaller, R. (2022). *Zwei Enthüllungen über die Scham*. S. Fischer.

Phillips, A. (2013). *One Way or Another*. Penguin.

Phillips, A. (2019). *Attention Seeking*. Penguin.

Plener, P. L. (2015). *Suizidales Verhalten und nichtsuizidale Selbstverletzungen*. Springer.

Probyn, E. (2004). *Blush: Faces of Shame*. University of Minnesota Press.

Puar, J. K. (2017). *The Right to Maim: Debility, Capacity, Disability*. Duke University Press.

Rambatan, B. & Johanssen, J. (2021). *Event Horizon. Sexuality, Politics, Online Culture, and the Limits of Capitalism*. Zero Books.

Ringrose, J. & Lawrence, E. (2018). Remixing Misandry, Manspreading, and Dick Pics: Networked Feminist Humour on Tumblr. *Feminist Media Studies, 18*(4), 686–704.

Rizzuto, A.-M. (1991). Shame in Psychoanalysis: The Function of Unconscious Fantasies. *The International Journal of Psychoanalysis, 72*(2), 297–312.

Rossini, P. (2022). Beyond Incivility: Understanding Patterns of Uncivil and Intolerant Discourse in Online Political Talk. *Communication Research, 49*(3), 399–425.

Ruti, M. (2018). *Penis Envy and Other Bad Feelings. The Emotional Costs of Everyday Life*. Columbia University Press.

Sarrazin, T. (2009). Klasse statt Masse. Von der Hauptstadt der Transferleistungen zur Metropole der Eliten. Interview. *Lettre International, 86,* 197–201.

Sarrazin, T. (2010). *Deutschland schafft sich ab*. DVA.

Sarrazin, T. (2014). *Der neue Tugendterror. Über die Grenzen der Meinungsfreiheit in Deutschland*. DVA.

Sartre, J. (1948). *Anti-Semite and Jew. An Exploration of the Etiology of Hate*. Schocken Books.

Schaschek, S. (2014). *Pornography and Seriality. The Culture of Producing Pleasure*. Palgrave Macmillan.

Schmidt, M. (2018, 17. Mai). »Kopftuchmädchen«: Ein populistischer Begriff und seine Geschichte. *Yahoo*. https://de.nachrichten.yahoo.com/kopftuchmadchen-ein-populistischer-begriff-und-seine-geschichte-121408085.html

Schneider, P. (1974). Die Sache mit der »Männlichkeit«. Gibt es eine Emanzipation der Männer? *Kursbuch, 35*, 103–132.

Shah, N. (2015). The Selfie and the Slut: Bodies, Technology and Public Shame. *Economic & Political Weekly, 50*(17), 86–93.

Sigusch, V. (1998). The Neosexual Revolution. *Archives of Sexual Behavior, 27*(4), 331–359.

Souffrir, V. (2005). Ambivalence. In A. Mijolla (Hrsg.), *International Dictionary of Psychoanalysis* (S. 55–56). Thomson Gale.

Srnicek, N. (2017). *Platform Capitalism*. Polity.

Spohn, A. (2019). (Ent-)Hemmung bei Lacan. *Journal für Psychoanalyse, 60*, 103–118.

Stein, R. (2007). Unforgetting and Excess, the Recreation and Re-finding of Suppressed Sexuality. *Psychoanalytic Dialogues, 16*(6), 763–778.

Stein, R. (2008). The Otherness of Sexuality: Excess. *Journal of the American Psychoanalytic Association, 56*(1), 43–71.

Steiner, J. (1993). *Psychic Retreats. Pathological Organizations in Psychotic, Neurotic and Borderline Patients*. Routledge.

Stiegler, B. (2014). *The Lost Spirit of Capitalism. Disbelief and Discredit, Volume 3*. Polity.

Strick, S. (2021). *Rechte Gefühle. Affekte und Strategien des digitalen Faschismus*. transcript.

Stutzman, F., Gross, R. & Acquisti, A. (2013). Silent Listeners: The Evolution of Privacy and Disclosure on Facebook. *Journal of Privacy and Confidentiality, 4*(2), 7–41.

Sugarman, A. (2021). The Impact of Internet Pornography on Male Adolescent Mental Organization. *The Psychoanalytic Study of the Child, 74*(1), 174–190.

Suler, J. (2004). The Online Disinhibition Effect. *Cyberpsychology & Behavior, 7*(3), 321–326.

Taylor, J. (2018). Sound Desires: Auralism, the Sexual Fetishization of Music. In F.E. Maus & S. Whiteley (Hrsg.), *The Oxford Handbook of Music and Queerness* (S. 276–294). Oxford University Press.

Theweleit, K. (1977). *Männerphantasien 1. Fluten, Körper, Geschichte*. Roter Stern.

Theweleit, K. (1978). *Männerphantasien 2. Männerkörper – Zur Psychoanalyse des Weißen Terrors*. Roter Stern.

Turkle, S. (2011). *Alone Together: Why we Expect more from Technology and less from each Other*. Basic Books.

van Dijck, J. (2013). *The Culture of Connectivity: A Critical History of Social Media*. Oxford University Press.

Vanderwees, C. (2019). Paranoid Pleasure: Surveillance, Online Pornography, and Scopophilia. *Porn Studies, 6*(1), 23–37.

Vanheule, S. (2001). Inhibition: »I am because I don't act«. *The Letter, 23,* 109–126.

Waling, A., Karioris, F.G. & Allan, J.A. (2022, 4. Oktober). Reading the Dick Pic Reparatively. *Journal of Popular Romance Studies.* https://www.jprstudies.org/2022/10/reading-the-dick-pic-reparatively/

Weisbrode, K. (2012). *On Ambivalence. The Problems and Pleasures of Having it Both Ways.* MIT Press.

Winnicott, D.W. (2002). *Playing and Reality.* Routledge.

Wittel, A. (2011). Qualities of Sharing and their Transformations in the Digital Age. *International Review of Information Ethics, 15*(9), 3–8.

Wood, H. (2021). The Unconscious Allure of Internet Pornography in Adolescence and Adulthood. *The Psychoanalytic Study of the Child, 74*(1), 145–159.

Young-Bruehl, E. (1996). *The Anatomy of Prejudice.* Harvard University Press.

Zeavin, H. (2022). Untreated: Revisiting Marion Milner's on not Being Able to Paint. *Portable Gray, 5*(2), 268–277.

Žižek, S. (1992). *Looking Awry. An Introduction to Jacques Lacan through Popular Culture.* MIT Press.

Žižek, S. (1994). *The Metastases of Enjoyment.* Verso.

Žižek, S. (1997). *The Plague of Fantasies.* Verso.

Zupančič, A. (2017). *What IS Sex?* MIT Press.

Johanna L. Degen

Swipe, like, love

Intimität und Beziehung im digitalen Zeitalter

2024 · ca. 150 Seiten · Broschur
ISBN 978-3-8379-3287-4

- **Autorin ist medial als Dr. Tinder bekannt**
- **Neue Erkenntnisse über Beziehungen in Sozialen Medien**
- **Anschauliche therapeutische Perspektiven zu Parasozialität und Intimität**

Fast jede zweite Beziehung beginnt virtuell. Tinder, OnlyFans oder Instagram sind die Orte, an denen Annäherung stattfindet, Sex angebahnt wird und Beziehungen geführt werden. Lange verstand die Psychologie das um sich greifende Handynutzungsverhalten als Sucht, suchtähnlich oder als Fear of missing out. Neueste Erkenntnisse weisen aber auf Bindung hin, auf die Liebe zum Endgerät und zu den Personen im virtuellen Raum – seien es neue Online-Bekanntschaften, die langsam zu Real-Life-Beziehungen werden, oder Influencer*innen, die Orientierung bei alltäglichen Fragen und ungewöhnlichen Interessen geben.

Johanna L. Degen spürt der Bedeutung der verschiedenen Phänomene von Onlinedating bis Social-Media-Nutzung vor dem Hintergrund der gängigen Theorien von Intimität, Liebe, Sexualität und Beziehung nach und wendet den aktuellen Forschungsstand sowie Erkenntnisse aus der therapeutischen und paartherapeutischen Praxis auf diese Kontexte an.